AF257436

LES MYSTÈRES

DE LA
VIE DU MONDE

DU DEMI-MONDE ET DU QUART DE MONDE

OU LES MŒURS D'AUJOURD'HUI

SCÈNES ÉPISODIQUES ET ANECDOTIQUES PRISES DANS TOUS LES RANGS ET CONDITIONS DE LA SOCIÉTÉ

PAR L'HÉRITIER

AVEC DES ILLUSTRATIONS REPRÉSENTANT LES PERSONNAGES EN ACTION

LES GRISETTES & LES GRISONS

LES GRISETTES

EN GÉNÉRAL

LES

GRISETTES DE PROVINCE

LES

GRISETTES PARISIENNES

LES GRISETTES

DU

QUARTIER BRÉDA

COMMENT FINISSENT

LES

GRISETTES

LES GRISONS

HALLUCINATION

D'UN

VIEILLARD AMOUREUX

IL S'ASSOCIE

AUX

FOLIES DES ÉTUDIANTS.

IL EST DÉLAISSÉ

PAR SA MAITRESSE

CELLE-CI S'ABANDONNE

A SES PASSIONS

ET EN EST PUNIE PAR

SES REMORDS

PARIS

LIBRAIRIE CHARLIEU FRÈRES ET HUILLERY, RUE GIT-LE-CŒUR, 10

HUILLERY, SUCCESSEUR

1869

LES GRISETTES

LES BELLES DE JOUR ET LES BELLES DE NUIT

Les belles de jour et les belles de nuit sont des fleurs qui embaument la vie humaine et qui souvent la détruisent. Elles ne croissent pas dans la campagne. Les villes seules, avec leur atmosphère de serre-chaude, les font éclore et arriver promptement à un entier épanouissement.

Autrefois ces fleurs, devenues femmes en vertu du mystère de la métempsychose peut-être plus réel qu'on ne croit, portaient généralement le nom de grisettes.

I

LES GRISETTES DE PROVINCE

Dans nos départements méridionaux, on donne encore le nom de grisette à toute fille de moyenne condition qui n'oserait se coiffer d'un chapeau de dame.

Les grisettes de Toulouse ne recherchent les hommages que des plus riches héritiers de leur cité; elles ambitionnent les faveurs d'une mésalliance à leur profit. Les bourgeois qui ont eu sous les yeux plus d'un exemple d'une pareille union, ne redoutent rien tant pour leurs fils qu'un amour sérieux pour quelque grisette... Ils seraient désolés que leur progéniture mâle pût se passionner à ce point.

D'un autre côté, les mères pauvres ne redoutent pas pour leurs filles la fréquentation d'une jeune homme riche : on ne sait pas ce qui peut arriver. La grisette, si elle s'y prend bien, pourra devenir une grande dame ; en attendant, la population des enfants trouvés est dans le plus effroyable *crescendo*, et la majorité des grisettes restent filles, à moins qu'elles ne consentent à épouser un vétéran... Quel-

ques-unes entrent définitivement dans les catégories des vierges folles.

Trop souvent les parents de la grisette la considèrent comme une métairie qu'ils exploitent à leur bénéfice. On attire par des agaceries le fils de famille

qui devient le dilapidateur de la maison paternelle. Pour être bien venu, il faut sans cesse qu'il apporte. On est encore plus exigeant avec le mari infidèle, qui cherche des jouissances hors de son foyer : celui-ci est grugé à outrance ; on le tyrannise par la crainte des indiscrétions et du scandale. Avec un barbon, on est impitoyable, on spécule sur sa faiblesse, et l'on se promet bien de ne lui laisser que les yeux pour pleurer.

Les grisettes de Bordeaux sont charmantes : elles couchent en joue l'armateur et le gros négociant : on les dit d'un rude entretien, quoique les toilettes tapageuses ne soient pas leur fait, mais elles songent à l'avenir et rêvent le pécule. — Ces calculatrices sont au courant de toutes les expéditions et de tous les arrivages. Tout navire qui vient de loin leur doit

quelque chose. Faute d'un Bordelais opulent, la grisette de la Gironde se contente d'un Américain ou d'un Chinois, s'il a de l'or. Elle aimerait assez à plumer un juif : on voit aujourd'hui des enfants d'Abraham revêtus de si riches plumages!

La grisette bordelaise, en dehors de ses inclinations fiscales, a des penchants moins intéressés.

Elle se sent parfois de l'attraction pour les jeunes subrécargues et les commis les mieux faits dont s'honore la place. Elle peut suivre un opulent voyageur à Paris; mais elle reviendra mourir dans sa ville natale. Les sardines de Lorient, dont le sel se fait trop sentir, malgré le charlatanisme verdoyant de la fougère, ne valent pas les royans, ces délicieux poissons dont la chair fond dans la bouche.

La grisette bordelaise, lorsqu'elle s'est mise seule en route, n'hésite pas à se faire défrayer dans les au-

berges par le premier venu. Elle a horreur la nuit de la solitude. Pendant son séjour hors de chez elle elle n'est jamais embarrassée pour ses moyens d'existence; si elle ne réussit pas à faire naître une passion un peu vive et lucrative, elle demande asile à une de ces maisons qui jouissent du triste privilége d'être

mal famées: elle a les mœurs et le caractère tant soit peu israélite.

La grisette de Lyon est la *canuse*: elle est passablement disgracieuse: tournure, accent, langage, en elle tout est abrupte et anguleux; mais, en fait de bon goût le Lyonnais n'est pas un aigle, bien au contraire, et la grisette des bords du Rhône ne laisse pas de plaire aux fabricants. Quand elle est jeune,

elle fait *chanter*, quand elle est vieille elle *chante*. Toute grisette, généralement, dans ses moments de

loisir, se livre à une occupation quelconque: celle qui fleurit à Lyon travaille peut-être plus que toutes les grisettes de l'univers, mais souvent elle n'obtient qu'au prix de son déshonneur de l'ouvrage pour elle et sa famille.

La grisette lyonnaise qui a prospéré, c'est-à-dire qui est devenue *madame une telle*, est méprisante et orgueilleuse; elle porte toute sa garde-robe sur elle,

et ressemble moins à une créature humaine qu'à l'étalage en désordre d'une marchande à la toilette, elle pose un châle sur un manteau, un boa sur un châle, une écharpe sur un boa, sur le tout un camail, et sur le camail une palatine. Ainsi ficelée, elle passe à l'état de paquet, de colis de messagerie. Heureusement qu'elle n'a pas la jambe fine. La Lyonnaise a ce qu'on appelle les abattis canaille; sa main est pataude, et lorsqu'elle veut se produire dans la capitale, on est obligé de lui mettre deux sangsues à chaque doigt pour les dégorger.

Les grisettes des places fortes sont la providence des officiers et sous-officiers; les surannées et les borgnes sont pour les soldats qui ne dédaignent ni les bossues ni les boiteuses.

La grisette de garnison est à l'épreuve de tous les changements et de toutes les circonstances de cœur ; el'e a la tête pleine de numéros de régiments et de noms de tambours-majors, voire même de tambours-maîtres, trombonnes, trompettes et musiciens.

Par toute la terre les grisettes qui vont en journée sont la consolation des écoliers en vacances. Heureux ceux dont les mamans n'y voient que du feu ! La grisette de province fait souvent alors l'*intérim* d'une autre grisette à qui Dodofe a bien juré de ne pas faire de traits. Fiez-vous aux serments de ces messieurs !

Il y a donc partout des grisettes ; mais d'où vient

ce nom dont on les affubla : de la robe grise de serge, la seule que pût se permettre autrefois la fille de la classe ouvrière. Lorsque, par suite des progrès incessants on a teint le calicot de toutes les couleurs et fait de la soie avec du coton, ce mot de *grisette* a changé de signification ; celles qu'il désigne encore dans beaucoup d'endroits ne sont pas toujours les moins pimpantes des créatures, bien que rarement il n'y ait pas un peu de désarroi dans leur toilette, un bonnet à fleurs, avec des souliers éculés et une robe de satin effrangée par le mordant et le poids de la boue des rues.

II

LES GRISETTES PARISIENNES

Les belles de jour et de nuit parisiennes portent aujourd'hui toute sorte de noms : lorettes, camélias, biches, crevettes, croqueuses de pommes, canotières, etc. ; mais nous les comprendrons sous le titre générique de grisettes.

La grisette de Paris ressemble peu à la grisette départementale : c'est d'ordinaire une jolie fille, nubile dès avant sa dix-septième année ; elle a fait de bonne heure l'essai de ses forces. Ses parents ont voulu qu'elle eût un état, et ils l'ont mise en

apprentissage aussitôt après sa première communion

La grisette en herbe ne va jamais seule, soit qu'elle se rende à son travail, soit qu'elle en revienne ; elle a une compagne qui fait avec elle de fréquentes stations devant la boutique des pâtissiers ou à l'étalage des marchands de nouveautés ; elle adore les petits gâteaux et les fichus qu'on lui paie.

De douze à quatorze ans, elle aime à se faire régaler par le sexagénaire et courtiser par le gamin.

A quinze ans, elle aspire à quelque chose de mieux; elle se croit femme, et prend un nouvel essor; ses parents n'ont plus d'autorité sur elle; elle n'appartient plus qu'à elle-même et à la portion la plus incandescente de la société humaine; le calicot, l'étudiant ou le saute-ruisseau.

Le jour où elle se croit formée, elle inaugure son indépendance, fait élection de domicile et emporte tout son bagage dans un chausson. Cette layette est comme on le voit fort légère : deux chemises passablement élimées; l'une sur le dos, l'autre en réserve; deux paires de bas sans pieds, dont l'une, celle qui fonctionne, n'aura bientôt plus de jambe à force de la descendre dans le soulier ou dans la bottine. Le jupon est l'unique, le bonnet et le col *idem*. La paire de bas de laine pour l'hiver est utilisée en tournure pendant les trois autres saisons quand on ne porte pas de crinoline; ainsi elle n'est jamais exposée à être rongée aux vers.

Le boudoir de la grisette est, la plupart du temps, situé dans une mansarde à la hauteur de la coupole

du Panthéon, et, par conséquent, bien au-dessus du niveau de la mer. Elle n'a pas de revenu fixe, et ne saurait indiquer d'avance d'où viendra le casuel dont le montant servira à solder son loyer; cette aimable enfant n'a d'autre bien patrimonial qu'un charmant minois rose, encadré d'une chevelure ébène, lustrée par la bandoline, une taille de guêpe, beaucoup d'appétit malgré l'étreinte du corset, une aiguille, un dé, un passe-lacet, et quelques pains à cacheter pour retenir contre la couture du bas le quartier insoumis des *philosophes*.

Elle peut répéter avec la chanson :

> Je suis sans fortune;
> Je n'ai pas d'aïeux,
> Oui, mais je suis brune
> Et j'ai les yeux bleus.

> Oui je suis grisette;
> L'on voit ici bas
> Plus d'une coquette
> Qui ne me vaut pas.

Rien ne pèse à la grisette. Aussi une fois installée sous le toit hospitalier descend-elle aussi lestement ses sept étages que si elle était de caoutchouc, quittant son réduit sans soucis et abandonnant au hasard son fastueux mobilier composé d'un lit en X,

d'un miroir étoilé, de deux cartons à chapeau, d'une cuvette raccommodée et d'un tire-botte.

Sans naissance, sans famille, du moins sans famille riche, la pauvre enfant, orpheline du rang et de la fortune, est conséquemment contrainte de trouver dans la spéculation industrielle une existence chanceuse, glissante et très-épineuse pour sa vertu, qui, dans cet état, devient on ne peut plus précaire, placée en équilibre entre sa coquetterie, sa faim et ses sens. La vie est donc ici, pour elle, une véritable poule au billard, où l'on mourrait en trois; placée entre ces trois écueils, presque toujours elle prend le parti de la coquetterie; par ce choix la faim est apaisée, et les sens y trouvent encore leur compte.

Sous la désignation de grisettes, on comprend les modistes, altesses de la troupe, les lingères, les

monteuses de bonnets, les couturières en journée,

les ouvrières en linge, les chamareuses, les brunis-
seuses, les polisseuses, brodeuses, enlumineuses,

repasseuses, les passementieres, les fleuristes, les

faiseuses de bretelles, de corsets, de parapluies, les
desservantes, des restaurants à un franc vingt cen-

times, les tapissières, les giletières, les enfileuses de
perles, etc., etc.,

La grande pensée de la grisette est de s'affranchir
de bonne heure de la tutelle importune et stérile de
ses parents pauvres, qui ne lui permettent pas, dans
leur état modeste de portiers ou d'artisans, de porter
des chapeaux; et la grisette est passionnée pour les
chapeaux, pour les guirlandes de roses, pour les

coiffures de toute espèce que portent aujourd'hui
les jeunes femmes; elle ambitionne cette couronne
de vanité avec autant d'ardeur que le poëte le laurier
académique; c'est pour cette auréole qu'elle cherche
à secouer promptement ce joug odieux d'une famille mesquine, étroite dans ses spéculations, qui
l'obligerait toute sa vie, à tirer un cordon ou à cou-
dre des gilets et des culottes. A peine a-t-elle planté

là son vieux père, honnête Auvergnat, qui fait des
commissions et cire les bottes de tout l'hôtel, qu'elle
se lance vers la mansarde si ardemment convoitée;

et là, prenant spontanément un époux parmi les futurs licenciés ou docteurs, sinon dans le calicot, à la face du ciel et des toits, elle tressaille dans son triomphe d'avoir atteint enfin la rive de ce monde de liberté et de bonheur, hélas ! bien éphémères, dont ses songes mobiles lui offraient chaque nuit de si séduisantes peintures !

Là, avec quelques francs dans le nœud d'un mouchoir et des yeux qui brillent comme des étoiles à la seule expression d'un propos de plaisir, elle reçoit, en échange du bluet virginal, le chapeau de paille orné de camélias, le jaconas de 9 fr. 50 c., une chaussure d'été de 3 fr, 50 c., une paire de gants jaunes et le baiser le plus franc que calicotier puisse donner un jour de pareilles cérémonies nuptiales !... Ce sont les épingle de noce

— Quel bonheur ! Jules (c'est le nom de l'époux trimestriel), quel bonheur ! Il fait un temps superbe ! Nous irons dîner à Robinson n'est-ce pas ?...

— Oui, répond Jules (en peignant ses moustaches devant un miroir de 75 cent.,) nous folâtrerons parmi les lilas ; ce sera divin ; Évélina, Casimir, seront des nôtres. Va pour la partie carrée !...

On part donc pomponnée, brillante comme une corniche des Tuileries un jour d'illumination ; on

descend avec enthousiasme la longue spirale d'un

escalier sombre et tortueux ; une fois sur le plancher public, notre grisette jette aux zéphyrs sa riche chevelure, en bravant l'opinion ; elle semble dire à toutes les femmes bien mises :

— « Moi aussi, je porte chapeau et jupon d'acier et bottines vernies ! »

Le second couple paraît : c'est Casimir, commis au magasin du *Coin de rue* ; c'est Évélina, qui vit avec un étudiant en médecine ou un trombonniste du Théâtre-Lyrique. Arrivés tous quatre vers ces oasis champêtres, dont est parfumé la friturière région des *guinches*, le cœur palpite, les murs, les enseignes de tous ces palais culinaires ne sont-ils pas chamarrés de mets succulents, du moins en peinture ! Par exemple, une anguille énorme

tourne pittoresquement autour d'un biscuit de Savoie ; ici, un buisson d'écrevisses ; là une tête de veau, un cochon de lait qu'on dévorerait sur la muraille même ! — Que de talismans ! que de séductions pour une âme de grisette, dans cette scélérate de banlieue ! et le trombonne qui hurle toujours le plaisir !...

Évélina, qui est gourmande à manger à elle seule le bœuf gras à la vinaigrette, contemple toutes ces belles choses d'un œil humide et d'une bouche agacée, tandis que son amie, folle du galop, se sent magnétisée, galvanisée par les saxhorns et les saxophones qui, au centre des boudoirs verdoyants sonnent le grand hourra de la folie et de là danse !

Privilége délicieux de l'heureuse grisette qui s'émancipe de sa pleine autorité ; qui, d'un brode-

quin indépendant, secoue les chaînes du célibat, et s'affranchit par un coup de tête des radotages d'une mère impérieuse, des gronderies d'une tante dévote

et du rabâchage d'un vieil oncle, ancien troupier, implacable sur le point d'honneur.

La grisette se licencie surtout dans l'âge où ses charmes ont encore de l'éclat ; son indigence lui donne pleine liberté, et son bonheur vient souvent de n'avoir point un centime.

On remarque avec étonnement, de nos jours, cette caravane de filles nubiles, nymphes nomades, petites bayadères du pays latin, aujourd'hui transformé par les nouvelles rues et les nouveaux boulevards, des quartiers Bréda, du nouvel Opéra, etc., etc., etc., qui se marient aux autels des mansardes, et reçoivent par contrat une place à la galerie de l'Ambigu ou de la Gaîté, en fraudant les douanes du mariage.

Il ne faut jamais confondre une grisette du *pays latin* avec une grisette des boulevards, qui vit au milieu des gandins si bien caractérisés dans ces vers :

Mes bons amis, quelle erreur est la vôtre !
La mode est femme et n'a rien corrigé :
Quand l'une passe, on en invente une autre,
Et voilà tout : le nom seul est changé.
Les anciens beaux de Rome et de Corinthe,
Les dandys, les roués, les muscadins,
Sur leurs lauriers peuvent dormir sans crainte,
Leurs successeurs s'appellent les gandins.
Voyez là-bas, dans les Champs-Elysées,
Ce rendez-vous de Paris élégant,
Les airs vainqueurs, les crinières frisées
De nos lions du boulevard de Gand.
Ce grand blondin, qui tristement s'égare
Sous les massifs de ces arbres touffus,
Jure tout bas, en fumant son cigare,
Que sa Phryné ne l'y reprendra plus.
Cet Alcibiade, à tournure caduque,
Prend tous les airs d'un séducteur fini ;
Mais quand l'Amour, hélas ! porte perruque,
Il doit avoir le gousset bien garni.
Tout en offrant une glace pistache
A sa Ninon, qui tend sa blanche main,
Ce petit brun, à la fine moustache,
Pense au billet qui doit échoir demain.
Comme autrefois, l'Amour, cachant ses ailes,
Sur son blason met deux cœurs enflammés ;
Comme autrefois, les femmes sont fidèles ;
Comme autrefois, les maris sont aimés.
Les amoureux seront toujours godiches,
Les innocents seront toujours dupés :
Les daims courront toujours après les biches,
Mais ce sont eux qui seront attrapés.

Il y a moins de variétés dans les scarabées et les coléoptères que dans les belles de jour et de nuit. Chaque aspect de Paris a son genre de grisettes.

La grisette l'ancien pays latin, autrement dit la *ville du cadavre*, a plus de décision, plus d'audace dans le maintien et dans le regard, plus d'esprit dans la physionomie, plus d'énergie dans le geste,

plus d'élégance et d'érudition dans l'entretien : habituée, soir et matin, à entendre sans cesse une sorte d'aréopage de jeunes adeptes raisonner, en esprits forts, sur l'anatomie, la physiologie, la phrénologie, la philosophie, avec tous ces *mie*, ces *gie*, ces *phie*, elle finit, quand elle a de l'esprit naturel, par attraper une teinture des choses abstraites, profondes

et encylopédiques. L'un, par exemple, soutient l'existence de l'âme ; l'autre la nie en fumant un londrès ou un panatellas, ou en travaillant son examen, ou en jouant avec un fleuret : à force d'entendre ces raisonnements à perte de vue, la belle du jour s'élève quelquefois à la hauteur des discussions.

La grisette du pays latin n'est donc point aussi bornée en savoir que celle qui vit dans les modes : elle est philosophe et stoïque comme un démon ; nul ne sait aussi bien qu'elle que la vie mène à la mort. Entre-t-elle chez son amant le carabin, sa marche est celle d'un prévôt de salle ; elle pose son châle et son chapeau sur le front du squelette, statue

obligée de cet asile du plaisir ; elle boit dans un

crâne, et contemple sans dégoût les macérations

anatomiques ; pour jouer au volant, elle se fait des raquettes avec des mains de mort ; elle casse des noix avec un tibia et des noyaux de pêche avec un fémur. Elle dit à Afred : — Quand me feras-tu recevoir sage-femme ? Et d'autres fois : — C'est bien dommage que notre sexe ne puisse pas être docteur, Gueuse de faculté, es-tu bête ! Une robe de docteur et une toque me siéraient si bien. On dit qu'il y a des femmes aujourd'hui aux États-Unis et dans d'autres pays qui plaident et qui exercent la médecine. En France même on a reçu des bachelière ès sciences. — Alfred, apprends-moi donc l'orthographe pour que je passe mes examens ; si on ne veut pas, tu écriras au ministre.

La grisette latine réclame l'indulgence pour l'instabilité de ses affections. Souvent, grâce à son extrême mobilité, elle se prodigue et se multiplie sans faire de tort à personne, tant sa sympathie est inépuisable ; mais l'*ad libitum* qu'elle souhaite pour elle, elle ne l'admet pas pour son chéri, car elle a au plus haut degré le sentiment de la propriété humaine ; aussi est-elle jalouse comme une tigresse, tera !... Revois-la, et tu verras comme je la chiff nerai, comme je la secouerai, comme je démol son bazar,..

jalouse à en avaler le vert-de-gris ou à hummer le gaz acide carbonique d'un boisseau de charbon. Cependant, minute, pas si bête de se faire périr pour quelqu'un qui n'en vaut pas la peine ; il vaut mieux se venger. Aussi son ressentiment éclate avec impétuosité, il a la véhémence de la bourrasque ;

— Ah ! tu veux qu'on se révolte ; on se révol-

Alors les mariés au vingt-unième arrondissement se fument, le pugilat commence, nous entrons dans le règne des *voies de fait*. La tempête passée, on se boude pendant environ cinquante minutes, entre-

coupées par des sourires ; mais le raccommodement survient sur les ailes de l'oubli ; des baisers succèdent, pressés et nombreux ; on n'ôte même pas la clé ! Pourquoi ôterait-on la clé ?... Je n'en sais rien, mais enfin ces étourdis ne l'ôtent jamais, et... Eh bien ! oui, voilà à peu près le laisser-aller passionné et vivace de cette population de vingt ans dans des centaines de *casernes chiffrées* qu'on appelle vulgairement hôtels garnis.

Le squelette, debout au milieu de toutes ces folies est le fantôme de ce *boudoir*; il assiste à tout... a tout ; il porte tout... Le corset, encore tiède, de la jolie Pauline réchauffe son front dur et glacé ; les bas sont parfois accrochés aux saillées de bassins. Le pantalon d'Alfred pend à un des bras, et si c'est dans le carnaval, les cordons de quelque masque sont noués à la mâchoire inférieure...

Pauvre squelette! comme ils t'ont affublé! Ces infâmes matérialistes ont fait de toi un porte-manteau!... Peut-être dans ta vivante jeunesse, quand tu étais revêtu de ta chair et de ton épiderme, t'es-tu rendu coupable d'une semblable profanation de la nature humaine! Peut-être es-tu l'ossature de quelque Pauline, d'une grisette morte à l'hôpital, comme cela arrive souvent, comme cela arrive toujours! Car le grabat de l'hospice et le marbre de l'amphithéâtre, voilà le terme presque inévitable de la belle de nuit qui se voue aux amours ou de l'étudiant ou du calicot.

Et il ne serait pas surprenant que la pauvre fille eût été disséquée par son amant même. Le scélérat aurait poussé le cynisme jusqu'à enfoncer le scalpel dans un sein d'albâtre qui ne connaissait, vivant, que le feu brûlant de ses lèvres !... Qui donc, parmi les étudiants, n'a connu Pomponnette, la reine de Mabille, du Château-Rouge, de la Closerie des Lilas? Pomponnette, la rieuse, la turbulente, l'enfiévrée de plaisir. Au bal, aux promenades champêtres, dans les réunions intimes, partout, elle se distinguait par les excentricités les plus grotesques, le plus originales. D'elle on disait: « C'est un bon garçon ! » Les étudiants de son temps l'adoraient?

Tous ils ont dû des rêve à ses charmes. Un jour, elle devint folle.

L'hospice de la Salpétrière s'ouvrit devant elle.

L'interne qui était de garde à ses derniers moments, celui qui, lorsque tout était fini pour la pauvre insensée, plaça sa main sur ce cœur, naguère foyer d'amour, afin d'y surprendre un dernier battement, celui qui recouvrit du drap mortuaire ce pâle visage que la mort allait rendre livide, hélas! il avait été le plus joyeux, le plus étourdissant compagnon de l'insouciante grisette d'autrefois.

Pauvre humanité !

Et il ne faudrait pas s'étonner que l'étudiant n'est souvent contribué à abréger les jours de la grisette aimée. N'exigeait-il pas qu'elle se prêtât à toutes les expériences qui lui passaient par la tête? Sur elle il apprit la saignée, sur elle il essaya la transfusion du sang. Elle fut pour lui une maîtresse dévouée et un sujet précieux? En attendant, l'étudiant et sa grisette se divertissent ; elle fume la cigarette et va s'habituer à la pipe ; elle en culottera une pour se désennuyer. Mais on ne culotte pas toujours !

Depuis long-temps on a formé le projet d'aller aux Variétés, aux Bouffes-Parisiens, à l'Alcazar ou à quelque bal où les danses échevelées ne soient pas trop prohibées. Le projet s'est converti en une belle et bonne résolution : soudain le couple fait subir à sa bourse un rigoureux interrogatoire ; trop souvent cette pauvre petite bourse garde le silence de la tombe. Alors le front des deux époux devient sou-

cieux, brumeux ; c'est ce que l'on appelle en argo médical du pays latin, *avoir une mélancolie de gousse* la cause est permanente, mais l'effet ne dure pas. - Alfred, par une saillie héroïque, secoue cet abatt ment ; Pauline, amazone intrépide en fait de proje de parties fines, l'imite. L'un porte son paletot e plan chez ma tante, l'autre y dépose son châle ses boucles d'oreilles. Le dîner, et le café, et le thé

tre... tout a lieu ; toutes les destinées sont accómplies, rien n'y manque, ni le verre de punch, ni dans l'entr'acte le bâton de sucre d'orge à l'absinthe!...

Le lendemain... Mais nous oublions la nuit !... Eh bien ! lecteur, puisque tu veux tout savoir, en rentrant, Pauline a soin de se glisser près de la porte-cochère de l'hôtel, laissée entre-bâillée, afin d'éviter l'œil investigateur de l'hôtesse, qui, intraitable sur l'article des mœurs, a défendu expressément à cés demoiselles, de quelque sexe qu'elles soient, passé minuit, de séjourner dans ses chambres ; il faut donc escamoter, quoique avec un époux légitime... (et c'est bien dur!) quelques nuit d'amour et de bonheur.

C'est dans ce cercle d'études, de folies, de galan-
teries éphémères que se passe l'existence de la grisette dans le pays latin ; ses lieux publics de plaisance
sont l'été les oasis de Robinson, d'Asnière, de Saint-
Ouen, d'Enghien, de Montmorency, le Moulin à la

Galette d'Argenteuil, etc.: dans la brumeuse saison,
l'Alcazar d'hiver, le bal Valentino et le bal du Pré-
aux-Clercs, etc.

Ajoutez à cela une foule de distractions, telles que
les querelles, les billets d'amour, les reconnaissances

du Mont-de-Piété, les dettes criardes, les notes du
tailleur, du gargotier, de la marchande à la toilette
et un fleuve de décoction végétale qui comme les
eaux bienfaisantes du Siloé, vient verser son baume
réparateur sur des souffrances dont de menteuses
affiches, sur tous les murs de la capitale, promettent
la guérison !

La salsepareille est le myrte classique de cette
ville bizarre, dont les jeunes habitants répètent parfois
l'églogue sentimentale attribuée au poëte Giraud des
Prés-Saint-Gervais.

On comprend que les repas de la grisette sont bien
exigus quand elle dîne *dans ses appartements*, qui
sont ordinairement situés dans les combles, près de
certain cabinet, et dont on reconnaît aussitôt la porte
au seul flair. Si mademoiselle dîne chez elle, les voi-
sins ne s'en aperçoivent que trop ; une fumée épaisse
et noirâtre annonce à tout le voisinage qu'un hareng
cuit sur quelques braises dans un journal de roman
à cinq centimes dont la prose incandescente a allumé
le feu ; le reste de ce feu servira à tiédir à demi une
guimpe repassée à la hâte, et qui séchera bientôt, au
bal Mabile sur des appas brûlants.

On monte souvent à l'aérien belvédère de cette
beauté par une rampe aussi raide que celle par la-

quelle on descend dans les mines de Sibérie. — Au
demeurant, le repas est considéré par la jeune fille
libre comme un objet de luxe, et il semblerait qu'elle
ne se nourrit que de parures, tant elle prend à cette
égard peu de soin de sa santé.

C'est une vie bien singulière, bien chanceuse à la
fois, que celle d'une femme indépendante, dans
toutes ces cellules de sapin, où elle vit en garçon le
jour et en fille la nuit ! Voulez-vous que je vous la
dépeigne partant avec quelques compagnes et com-
pagnons de folie pour Asnière, Argenteuil ou Montmorency ? Alors on prend le chemin de fer ou quel-

quefois un fiacre ; *ma tante* a fait les frais de l'excursion, et l'on a, comme on dit, du *quibus*. — Quel bonheur !... quel délire !... — On pille l'aubépine ; Euphémie s'est fait un diadème de coquelicots, et semble une bacchante dans les saturnales grecques ; on loue des ânes, et des chutes que le bureau des mœurs pour la presse ne me permettrait pas de photographier, deviennent la source intarissable de mille plaisanteries galantes, pour ne pas dire érotiques ; par exemple : Fifine a la jambe magnifique, et Aglaé a les formes en pain de sucre couleur de rose. Ce sont badinages de ce goût à n'en pas finir. On fouette les ânes, puis on déjeune, puis on dîne ; le

café, le vin, les glaces, les liqueurs, rien n'est épargné. Il y a un jambonneau, des cerises, trois assiettes pour six, un verre pour tous, du vin dans des bouteilles de ferblanc et on se met à la recherche d'un gazon frais. Le gazon est souvent émaillé des accidents les plus variés, mais on s'y asseoit tout de même. Ces dames retroussent leurs robes par dessus leurs têtes ; ces messieurs ôtent leurs habits, leurs cravates et gardent tout au plus le reste. Dans le monde dominical, on appelle cela « se mettre à son aise. » Le vin échauffé rafraîchit peu les gosiers altérés, les viandes fondent au soleil, la posture adoptée torture un peu le torse, mais on est sur l'herbe, on jouit de la campagne, on s'égare dans le bois, on joue à cache-cache, on se regarde après en riant comme des fous. Édouard, qui s'est endormi sous un chêne, est couvert de hannetons, il en a jusque dans sa chemise, Fifine en a aussi dans la sienne ; alors Guguste prétend les trouver. — Ici commence un combat bizarre qui ferait rire une momie d'É-gypte.

Le garde-champêtre, l'homme le plus moral de la sous-préfecture, parce que chaque procès-verbal d'attentat aux mœurs publiques dans la forêt ou dans les moissons, lui rapporte sept francs soixante-

quinze centimes, a sans cesse les yeux et le fusil

braqués sur nos étourdis, et pour le moindre coquelicot cueilli, pour une feuille enlevée, il est prêt à verbaliser sur son genou le cas *in flagrante delicto !* et nos jeunes Hippocrates de se moquer de cette vieille ganache, de cette autorité grotesque, et de s'en venger en semant, sur le chemin où ils présument qu'il passera, des pots de fleurs, des cassolettes odorirantes auxquels ils l'engagent ironiquement à tenir la main !... Bref, la nuit ayant étendu son épais rideau entre la terre et le dôme étoilé, on songe, les bras balans, au retour vers la capitale ; une douce fatigue de leurs tendres excès accable ces couples fortunés ; enfin, pour rentrer dans le dortoir illicite, on esquive encore la vigilance hargneuse de l'hôtesse, qui n'a souvent tant de mœurs et de courroux que parce qu'on n'a pas eu la galanterie de l'inviter à cette céleste partie.

Le lendemain, une tête de mort sur la table, près d'une botte de radis pour le déjeuner, Eugénie, la grisette, sultane d'un moment, festonne ou arrange les légumes à mettre dans la marmite (car on est

raisonnable un lendemain, on a mis le pot au feu). Quelquefois la jeune personne, prenant le nom de son ami, a le front de se faire appeler madame Duchemin ; dans tout le pays latin ce n'est donc que madame Duchemin : l'hôtesse en glose, tous les gens de l'hôtel en rient ; elle seule garde son sérieux mais calouquet) : on l'appelait partout madame de Glatigny ; en un mot, elle faisait son embarras et sa *dinde* à ravir ; aussi toutes ses camarades la nommaient, par dérision, *une dinde empanachée :* l'expression manque de noblesse, mais que voulez-vous, lecteur, ceci est de *l'histoire ;* il y a d'ailleurs des

quand elle prend la clef de sa chambre à *son clou chiffré,* et demande gravement s'il n'y a point de lettre pour madame Duchemin.

Voici, à ce sujet, une aventure assez comique :

Adeline (c'est le nom de l'héroïne), jolie personne fort éveillée, s'était donné le nom de son *calouquet* (les grisettes du pays latin ne disent pas carabin, dénominations qui sont locales et intraduisibles. En langue de grisette, *dinde empanachée* signifie une bourgeoise coquette, minaudière, à mantelet, parfumée comme une bonbonnière, et qui jette sans cesse un regard dédaigneux et de supériorité sur les petites classes, sur les petits théâtres, sur qui s'appelle les *ouvriasses.*

Revenons à madame de Glatigny, qui posait, suivant l'expression de Balzac, dans le pays latin comme une bourgeoise *conséquente*. Son calouquet la laissait faire, et riait de ses grands airs d'importance, quand son père à lui, son propre père, ganache provinciale de la plus belle tenue, informé des fredaines de M. son fils, part et arrive en toute hâte à Paris, descend et demande, rue et hôtel Pierre Sarrazin, n. 5, à parler à M. de Glatigny :

— Monsieur n'y est pas, lui répond l'hôtesse précieuse et bouche-en-cœur, par la forte raison que Glatigny faisait de la dépense, déjeunait dans sa chambre avec *madame*, dînait à la table d'hôte, et surtout payait sans murmurer des mémoires enflés au chalumeau, comme tant de réputations littéraires : mais *madame* y est, et si vous permettez, je vais vous conduire...

— Ne vous donnez pas cette peine, répartit le père noble en s'appuyant sur un riflard dans son fourreau soucervateur ; dites-moi seulement le numéro de sa chambre.

— Le numéro ?

— Oui.

— C'est au premier, n. 6, sur le derrière.

— Fort bien.

Notre père noble monte, et d'un monologue malin, accompagné d'un sourire, il dit : « Je suis curieux de voir madame de Glatigny. Parbleu ! on ne m'avait pas dit que mon fils avait convolé en premières noces ; c'était bien le moins que je reçusse le billet de faire part ? » Il frappe au numéro 6 ; une espèce de camériste ouvre ; il entre. Madame de Glatigny posait sur un fauteuil un peu gothique, il est vrai, car tout le mobilier de ce qui subsiste encore du pays latin a des cheveux gris, des cheveux blancs. Le même n'a-t-il pas servi à trente générations de ca-

rabins ? depuis la table qui a porté tant de dissections, de chapeaux de paille, de jarretières, de forceps, de trousses et de livres de médecine. Tout a pour le moins trois siècles de vermoulure.

— A qui ai-je l'honneur de parler ? dit madame de Glatigny en se levant à demi, et en suspendant son travail de feston.

— A un ami de la famille de *votre mari*, répond le rusé vieillard, j'ai des nouvelles à lui donner, et...

— Oh ! mon Dieu, monsieur, vous pouvez tout dire à sa femme !...

En prononçant ces mots, madame de Glatigny s'etait levée sous quelque prétexte.

Par un mouvement assez précipité, elle avait fait s'écarter un galant peignoir bordé d'une petite dentelle jointe par des nœuds de rubans roses laissés ouverts des deux côtés. Les nœuds de rubans avaient d'abord produit l'effet pittoresque d'une douzaine de papillons qui prennent leur volée parmi des touffes de lis, en révélant par leur fuite le corsage et la taille la plus mirobolante, puis ils avaient mis presque sans voile des appas de dix-sept ans d'une blancheur éblouissante, et sur lesquels on eût placé deux verres d'eau sans qu'il en tombât une seule goutte... des appas enfin comme n'en a jamais peints le pinceau de l'Albane!

A ce spectacle de chairs de neige et de rose, le pauvre bonhomme ne sut plus ce qu'il se proposait de dire, ni ce qu'il se proposait de faire ; son chapeau tomba, son riflard tomba, un de ses gants tomba ; c'était d'ailleurs un de ces vieux farceurs qui ont fait leur fortune dans le commerce sans négliger la galanterie.

Rempli d'anacréontiques réminiscences, notre héros de l'armée des *grisons* se dit tout bas: Mais, si je n'ai pas vingt-cinq ans, j'ai vingt-cinq mille livres de bonnes rentes, non pas en actions sur le Lac de Gomorrhe, sur les Ports de Brest, sur le Palais d'Au-

teuil, sur la Compagnie générale immobilière créée par M. Millaud, mais en moissons ondoyantes dorées par le soleil de Marseille. Allons! allons! poussons notre pointe, continua-t-il *in-petto* ; ce serait un joli traversin pour mes vieux jours, car elle n'est pas mariée réellement à mon fils, c'est une *couleur* ; je la lui souffle, nous partons pour mon château de Glatigny, je l'épouse, je la présente aux autorités de l'endroit, comme une nièce que j'ai retirée de son couvent, sans fortune, mais riche d'attraits et de talents, et dont j'ai fait ma femme. Le curé dîne à sa droite ; il baptise nos enfants, le maire la nomme *Vénus, la mère des amours*, et une divinité du scapel devient une dame prépondérante et *conséquente* dans mon illustre manoir !

Dans ce roman improvisé notre don Juan sur le retour donnait pleine carrière à ses plans d'hyménée à la vapeur, tant les nœuds de rubans, papillons roses envolés de la ceinture, avaient électrisé ses sens !...

De son côté, Adeline Poireau (c'était le vrai et prosaïque nom de la prétendue madame de Glatigny) soupçonnait déjà que le soi-disant ami de l'étudiant était son propre père ; elle n'eut aucun doute à cet égard quand la soubrette, cachée près de l'alcôve dans un petit cabinet à porte vitrée, colla sur le carreau un petit papier avec ces mots : *son père !* Il avait été reconnu par l'hôtesse, Marseillaise elle-même.

Cette *collette* fut pour Adeline un trait de lumière.

—Ah ! petit vieux scélérat, se dit-elle, vous finassez avec une grisette du pays latin ! Je vais vous tailler des croupières !...

Elle vit tout de suite le parti qu'elle pourrait tirer de ce Lovelace à gilet de flanelle : elle était bien sûre, pour peu qu'il fût riche, d'en faire un *bienfaiteur*, un *marabout* ; mais elle trouva bien plus piquant d'enchaîner sous ses nœuds de rubans roses et de fleurs le père même de Glatigny, et de faire tomber trèssérieusement, et pour le bon motif, un vieux libertin au pied de son autel !...

La rusée commença par garder un silence étudié ; puis, feignant d'être attendrie, inquiète, émue à une pensée qui, soudain, aurait frappé ses esprits comme un éclair, elle tira un mouchoir de batiste festonné de rouge, et, avec une grimace de véritable cabotine des boulevards, elle feignit de verser des larmes et de les essuyer sur ses belles joues rondes de joie, de santé et de jeunesse. Enfin, jouant la sensibilité, et se précipitant aux pieds du bienfaiteur en espérance:

—Ah ! monsieur, vous vous cachez en vain sous e nom d'un ami, vous êtes le père de mon Auguste ne vous ai-je pas reconnu aussitôt à cette partie :

ressemblance entre vous deux?... Qui pourrait s'y méprendre : même regard, même noblesse dans les traits, même élégance dans la taille !... Ah ! monsieur, vous êtes bien le père de votre fils !... Mais, me pardonnerez-vous si j'ai osé, sans votre aveu, usurper un titre, le titre d'épouse d'un nom aussi honorable?... Ah ! croyez-moi, c'était uniquement pour ramener votre fils à la vertu ; je le voyais sur la pente du vice ; des canotières sans mœurs se disputaient son cœur ou plutôt son porte-monnaie. Eh bien ! me suis-je dit, une passion délicate, avouée par l'honneur, lui épargnera de grandes infortunes !... Voilà mon crime, monsieur, acheva-t-elle avec un sanglot de mélodrame; punissez-moi maintenant si je l'ai mérité !...

A cette scène pathétique, notre vieux séducteur, qui avait ramassé son riflard, son chapeau, son gant, les laissa tomber de nouveau : tant d'attraits, de si belles larmes, qui coulaient brillantes comme des diamants des cieux sur des lis et des roses animées (car Adeline, qui jouait quelquefois au théâtre Déjazet, avait appris l'art de pleurer à volonté), tant de séductions avaient enfin enivré le bonhomme au point qu'il n'y pouvait plus tenir !

— Relevez-vous, mademoiselle, lui dit-il en lui prenant une main potelée et blanche, loin de vous blâmer, je ne puis que vous donner des éloges pour les intentions honnêtes que vous avez eues à l'égard de mon fils; sans vous, peut-être, il se serait abandonné à quelque fillette perdue. Quel bonheur qu'il ait trouvé une jeune personne aussi sage que belle !

En lui tenant ce discours, M. de Glatigny n'avait pas quitté cette main, qui, comme le dernier anneau d'une chaine électrique, faisait battre son cœur. Il s'agissait cependant d'en finir, avant que son fils ne vînt à rentrer; aussi, reprit-il, après quelques instants de silence :

— Écoutez-moi, mademoiselle : nonobstant votre mérite, les choses ne sauraient en rester là : l'honneur de la famille souffre : mon fils perd son temps, n'étudie pas, ne passe aucun examen, malgré tout l'or que je lui ai envoyé pour ses inscriptions. Voulez-vous accepter une proposition qui nous rendra tous heureux. Sans être jeune, je suis encore vert : bref, vous laissez-là Glatigny et son boudoir numéroté, nous partons pour mon château, près de Marseille ; vous vous nommez alors la véritable dame de Glatigny, on vous invite à rendre le pain béni dans le village, vous avez place à l'estrade ; le premier coup d'encensoir, le dimanche, est pour vous ; vous avez une loge au théâtre de la ville, et une grande toilette efface les petites éclaboussures du passé. Vous donnez des soirées, vous avez un salon, un

maître de piano, et je vous réponds qu'avant trois mois vous devenez la femme la plus distinguée de toute l'ancienne Provence, dont les poètes, les divins félibres chanteront vos louanges dans la douce langue d'autrefois !

En dépit de ses vieux rhumatismes, M. de Glatigny était à deux genoux aux pieds de l'aimable enfant, et, par manière de sanction du marché conjugal dont il venait de faire la proposition, il passait au doigt de la main qu'il avait portée respectueusement à ses lèvres une bague de prix.

Adeline répondit qu'elle était prête pour le triomphe de la morale et l'avenir d'Auguste, à se soumettre à tout ce que désirerait M. de Glatigny : n'avait-il pas d'ailleurs le même regard, la même noblesse de traits, la même taille que son fils, — et surtout 25,000 francs de rente !...

En conséquence, Adeline, ayant ouvert le sécrétaire, mit un peu d'eau de la carafe dans l'encrier, et se servit d'un vieux tronçon de plume pour tracer ces lignes :

« Mon chair Oguste, un oncle qui m'arrive d'opré de Charte, veut mammener avec lui passer quelque jour à son endroit. Soi tranquille, il y a quelques roues de derrière, et je ferrai mon beurre. Sans adieu, soit bien fidèle à ta Liline, et surtout ne vas pas à Mabille avec Nonore ! autrement si tu me fait des trait, j'ajète un boisso de charbon chez la fruquière et je m'asfique.»

Après avoir griffonné cette superbe missive, toute diaprée de pâtés, Adeline arrache son petit chapeau posé sur l'os frontal du squelette, prend son châle, ses gants, fait un paquet de quelques chiffons de pe de valeur, et se dispose lestement au changement de position que lui offre la fortune. M. de Glatigny doit sortir le premier et l'attendre sur la place Saint-Michel près de la fontaine de l'Archange. Telle fut la convention faite entre eux. Elle s'exécuta sans perte de temps. Les deux futurs conjoints prirent un coupé qui les conduisit au Grand Hôtel ; après avoir passé là une quinzaine dans les plaisirs et le faste,

ils partirent pour Marseille, et Adeline entra effectivement dans ce brillant château dont elle devait devenir la suzeraine.

M. de Glatigny, tenant toutes ses promesses, épousa légitimement la grisette de son fils, qui fut forcé, à son tour, de lui porter tout le respect d'une belle-mère.

La durée moyenne des amours de la grisette du quartier latin est de trois ans et demi ; sa carrière la plus longue, y compris ses jours d'innocence, ne dépasse guère la trentième année de son âge. A cette époque extrêmement climatérique, elle compte un an de moins que lorsqu'elle consentait à en avoir vingt-cinq. A mesure qu'elle approche de la tombe, elle éprouve le besoin de rétrograder vers son berceau.

La vieille grisette est d'un dangereux voisinage pour les jeunes filles, surtout si elle a senti la nécessité de s'assurer la constance d'un amant favorisant ses infidélités. La malheureuse est alors un fléau pour le quartier.

Quoique bien portante, la grisette de vingt-quatre ans, lorsqu'elle a du bon sens, prévoit qu'elle va décliner ; en conséquence, elle se met à la recherche d'un de ces caractères honnêtes de jeune homme, qui mettent de la probité dans toutes leurs relations. La médiocrité de fortune, dans l'ami qu'elle convoite, ne l'épouvante pas ; mais elle exige en lui de la conduite. A-t-elle bien rencontré, elle s'attache comme une glue.

La grisette de trente ans, lorsque par hazard, elle a réussi à se pourvoir, c'est un véritable mentor.

Amante, elle usurpe le rôle de mère, et donne des conseils. Elle est généralement sobre, et prêche l'économie : elle déjeune avec de la chicorée décorée du nom de café, dîne avec un hareng et soupe avec quelque charcuterie.

Il est telle grisette modèle qui en est à sa dixième bail, c'est-à-dire au dixième amant ayant parcouru avec elle l'intervalle de la première inscription à la thèse. Ces Ninons-là se vantent d'avoir été des Pénélopes ; elles ont quarante-cinq ans, treize dents postiches et un faux chignon.

Depuis que la grisette a donné dans le communisme, elle n'est plus qu'une éphémère. Le roulement dont les hôteliers tolèrent le scandale, tue ces infortunées, en même temps qu'il énerve ou empoisonne les Télémaques sans Mentors de toutes ces îles de Calypso. Il est impossible de ne pas déplorer de tels désordres. La mortalité chez les étudiants a suivi les progrès de leur licence.

Voyez ces grisettes de dix-neuf à vingt-un ans, ces cadavres livides et mouvans, ces spectres empoisonnés, à la voix désarticulée par les faussets de l'orgie. Rien ne vit plus en ces sépulcres gangrénés qu'un œil impudique. Si vous n'y prenez garde, ô parents, voilà les nymphes qui tendent les bras à vos fils, qui les attendent à l'expiration des vacances, et qui les entraîneront avec elles dans le gouffre infect où elles vont tomber par lambeaux. Elles ne vous inspirent que du dégoût, mais elles offrent au jeune homme inexpérimenté un charme puissant, celui d'une initiation complète à des mystères dont l'horreur leur est soigneusement voilée.

Passons à quelque chose de moins hideux.

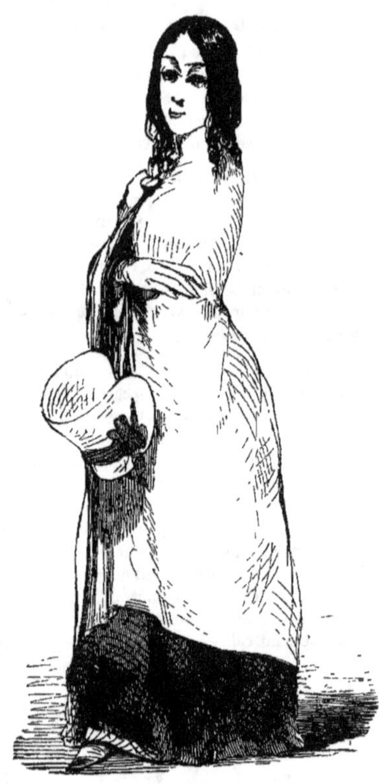

La grisette de la Chaussée-d'Antin diffère essentiellement de la grisette du *Latium*. Elle est beaucoup plus sérieuse, beaucoup mieux nippée, beaucoup plus rangée et surtout beaucoup moins nomade. Elle ne se donne pas un air décent; elle l'a. Son genre est celui de la lingère économe, proprette et légèrement coquette; son luxe est la blancheur du linge et de la dentelle. Elle est correctement chaussée, et pas une maille ne s'est échappée de son bas toujours net et élégamment jarreté au-dessus du genou; sa robe est d'une élégante simplicité, mais elle laisse deviner de jolies formes; le nu n'est pas accusé, seulement il transpire; elle ne laisse qu'entrevoir le trésor de ses beautés et ne les montre, pour ainsi dire, que par échantillon. L'hôtel garni ne devient son gîte que par extraordinaire. La maison où elle habite la plus

minime fraction des combles, a les apparences toutes bourgeoises... Parfois, c'est un de ces grands hôtels dont le rez-de-chaussée et le premier étage sont occupés par les fortunés du jour. Sa chambrette ou son cabinet, dont les meubles sont neufs et en petit nombre, est aussi régulièrement frottée que les appartements de maître. Sa couchette n'a que quatre-vingt-dix centimètres de largeur; elle est en noyer ou en fer. — Elle voudrait bien avoir un canapé, mais elle ne possède encore que quatre chaises en mérisier. Sa courte-pointe en calicot est nuancée de neige qui vient de tomber. Le vase pour ses hygiéniques ablutions est tout-à-fait exempt de poussière; il exhale en toute saison un agréable parfum d'eau de Cologne; sa glace est de petite dimension, mais son utilité est incontestable; ce qui le prouve, c'est la boîte de poudre odontalgique et la brosse à dents.

La grisette reçoit, dans l'escalier qui conduit à sa demeure, le salut de la domesticité mâle, qui la qualifie de *mademoiselle*; le valet de chambre, le chasseur et le précepteur des fils de l'agent de change ajoutent à ce titre un sourire... Elle entretient le linge des secrétaires d'ambassade, rempiète les bas du commis du banquier, rend le plus matin possible ses bons offices à la diplomatie et à la finance... Ses exotiques complaisances ne l'autorisent pas le moins du monde à se dire la femme du jeune homme dont elle est la maîtresse. Elle ne sort pas avec lui, il ne le pourrait sans se compromettre; mais elle a un promeneur à qui elle escompte la promesse de mariage qu'il lui fait. C'est M. Frédéric ou M. François, les plus avenants valets de chambre, qu'elle rencontre dans son escalier...

M. Frédéric ou M. François la dispensent d'envoyer ses draps à la blanchisseuse et de faire rebattre ses matelas. M. Frédéric ou M. François sont bien aimables; ils la conduisent dans des bals de Frontins et de Martous et dans des réunions de société.

Cette estimable grisette possède un livret de la caisse d'épargne : elle a en vue pour plus tard un petit établissement, une tabagie sur une échelle des plus minimes, un petit café, un bouillon ou une crémerie si elle a la science du pot au feu.

Un jour M. Frédéric ou M. François la mène à l'autel; le projet d'établissement se réalise : l'argent gagné à la sueur du front est retiré de la caisse d'épargne; en moins d'un semestre, il s'est évanoui, et madame Frédéric ou madame François n'ayant plus la ressource des secrétaires d'ambassades ou d'un commis Rothschild, commence une nouvelle existence : elle se fait bordeuse de souliers, en attendant qu'elle ait trouvé à faire un ménage de garçon. Son mari désire qu'elle travaille : elle dit qu'il est jaloux à l'excès... mais n'en croyez rien, il ne veut que le paraître... pour le *decorum*.

Il existe une grisette plus béotienne que toutes ses consœurs : c'est la grisette des quartiers les plus vivants et les plus lumineux. Celle-ci est en perpétuelle disponibilité pour les opulents étrangers : elle vit avec le commerce le plus brillant; elle raffole des marquis, des ducs, des comtes, des barons : elle rêve le milord, le seigneur russe, le prince allemand, le chanteur italien et l'écuyer de l'Hippodrome; elle parle de toutes les grandes actrices, comme si elle était dans leur intimité; elle connaît tous les littérateurs et tous les hommes d'État.

> A son réveil, une adroite soubrette
> A de son lit entr'ouvert les rideaux ;
> En attendant l'heure de la toilette,
> Elle parcourt quelques romans nouveaux.
> Du vin mousseux et des huîtres d'Ostende
> Du déjeuner feront seuls tous les frais,
> Car à Chaillot il faut qu'elle se rende
> Et du départ tous les apprêts sont faits.
> Par un beau jour la campagne est si belle !
> Caracolant sur un cheval anglais,
> A Bagatelle où la mode l'appelle,
> Vite elle court chercher un air plus frais.

Pour montrer qu'elle s'est frottée au beau monde, elle exécute le cuir avec le sentiment du style; elle a un binocle et se parfume au patchouli; elle loue des romans qu'elle ne lit pas, prend des leçons d'équitation, et apprend un rôle pour une représentation bourgeoise qui n'aura jamais lieu.

Un homme politique lui fait espérer un débit de tabac; un marchand de nouveautés doit lui monter un commerce de mercerie; un homme de lettres lui promet un cabinet de lecture ; le parent d'un ministre lui garde un bureau de papier timbré : il le lui donnera dès qu'elle saura la voltige; un dilettante veut absolument qu'elle vocalise, il vient de lui faire présent d'un piano et d'un solfége, s'engage à payer son loyer, et la destine aux chœurs de l'Opéra; s'il est content de ses progrès, il lui achètera un cachemire. Cette grisette-là et la femme entretenue se ressemblent comme deux gouttes d'eau. Elle est sur une pente des plus glissantes : un pas de plus, elle prendra place dans les rangs de la prostitution régulière ! Le coup de vent qui la pousse est la débine qui suit les sacrifices au Mont-de-Piété. Jeune encore, elle pique une tête dans l'abîme : un peu fanée, elle devient l'obligeante camériste d'une amie qui débute avec succès; dans ce poste subalterne, elle a encore quelques aubaines entremêlées de bien tristes réminiscences. Mais arrive la décadence de l'amie; elle passe alors au service d'une vieille intrigante, qui lui met en perspective des gages superbes et la renvoie toute nue. — Il faut qu'elle se jette à la Seine, à moins que quelque chiffonnier ne prenne pitié d'elle :

elle sera tout ce que voudra la première venue; elle criera des mottes à brûler, vendra des allumettes chimiques, du plaisir, du mouron, ou fera tirer des macarons hors barrière.

— Souhaitez-vous avoir une femme utile ? — Prenez ma grisette !...

La grisette des faubourgs Saint-Marceau et Saint-Antoine n'est pas encore inventée. — Celle du marais n'existe pas. — Celle de Vaugirard ou du Gros Caillou a soixante-dix ans. Est-elle moins âgée, elle a un œil ou le nez en moins. Néanmoins l'invalide la prise et feint de ne pas s'apercevoir de ses défectuosités.

Pourquoi certaines grisettes, femmes entretenues, femmes du demi-monde et du quart ne monde, habitent-elles les environs de Notre-Dame-de-Lorette en si grand nombre qu'elles ont été longtemps désignées sous le nom de *lorettes?*

Un de nos plus spirituels écrivains, M. Émile de la Bédollière, répond à cette question de la façon suivante :

Dans un quartier neuf, dont le public hésite à prendre la route, comment choisir ses locataires ? L'aubergiste du chemin de traverse n'est-il pas dans la nécessité d'ouvrir ses portes à quiconque se présente? Ainsi firent les propriétaires du quartier Notre-Dame-de-Lorette. Chevaleresques malgré eux, ils donnèrent l'hospitalité à des femmes proscrites qui, bravant les rhumatismes, voulurent bien essuyer les plâtres. Dès qu'elles furent en possession du quartier, d'où la turbulence éloignait le bourgeois paisible et rangé, elles n'en sortirent plus. De cette façon se perpétua une colonie joyeuse, insouciante, désordonnée, et qui paie ses termes avec la plus régulière irrégularité.

Les recrues de cette colonie sont des jeunes filles

pauvres auxquelles le travail répugne et qu'une première faute jette en dehors de la vie normale. Pour qu'une d'elles reçoive ses lettres de naturalisation dans le pays des lorettes, il lui suffit de rencontrer un homme amoureux et riche ; il n'est pas nécessaire qu'il soit jeune. La voilà à la tête d'un mobilier, d'un cachemire du Bengale ou du département de la Seine et d'une garde-robe passable. Le donateur est un agent de change, un avoué, un notaire, un rentier, un fonctionnaire public, auquel ses occupations, ses affaires, ses devoirs de famille ne permettent pas d'être assidu auprès de sa bien-aimée. Est-il surprenant qu'elle coure après les distractions ; que la patience et la libéralité de monsieur se lassent, et qu'un beau jour la dame reste seule avec son déshonneur, son mobilier et ses toilettes.

Dès lors commence pour elle l'existence aventureuse. Sans avoir de lanterne et sans tenir autant que Diogène à la qualité, il faut qu'elle aille à peu près claque jour chercher ce que le philosophe cynique cherchait dans les rues d'Athènes. L'incurable paresse, l'ignorance, l'inaptitude à tout métier honnête, l'absence de tout sens moral les poussent sur la voie publique. Comme le disent crûment les ouvriers qui la regardent passer, et qui ne la considèrent pas : « elle est entretenue par le général Macadam. »

Dans l'après-midi, la lorette se maquille, se peint les sourcils et les paupières, se couvre le visage et les épaules de poudre de riz et accumule sur ses mains une multitude de cosmétiques. Elle tient à prouver, par la blancheur aristocratiques et l'irréprochable pureté de ses doigts effilés, qu'elle n'a jamais manié l'aiguille, sarclé ou lavé des assiettes. Les prétentions de cette femme, qui vous est inconnue quand vous l'invitez à dîner et que vous tutoyez au dessert, est de vous faire croire qu'elle a été initiée dès son enfance au bon ton et aux belles manières. La plupart savent à peine lire ; quelques-unes seulement appartiennent à des familles ruinées par la mort de leurs chefs, par une faillitte, par des circonstances imprévues, et ont été élevées aux Oiseaux ou à Saint-Denis. Toutes posent en femmes distinguées, et il n'est pas rare qu'elles se parent de la particule nobiliaire, malgré la loi sur l'usurpation des titres. Leur premier amant était un sénateur; auraient-elles cédé sans cela? Elles n'ont dans leur clientèle que des comtes, des marquis, des diplomates ; elles soupent avec des légations.

Vous connaissez ce cri qui retentit aux époques climatériques de révolution et qui répand la terreur :

« Les faubourgs descendent! »

Chaque jour, entre cinq et six heures du soir, on pourrait crier de même :

Le quartier Notre-Dame de Lorette descend !

Prenez garde à vous, flaneurs désœuvrés ! Une fois attifée, fardée, blanchie, enrubannée, la lorette va en guerre, *quærens quem devoret.* Un frôlement de soie annonce son passage. Toutes les fois que le hasard la rapproche d'une glace, elle en profite pour ajuster sa demi-voilette et draper les plis de sa mantille.

Qui ne l'a rencontrée sur les boulevards, dans les passages, aux Tuileries, aux Champs-Élysés? Souvent-elle est accompagnée d'une amie qui diffère d'elle par la couleur des cheveux, l'âge, le genre de beauté, le caractère de physionomie. Durant les beaux jours, tantôt elles s'établissent dans des voitures découvertes d'où débordent outrageusement leurs crinolines et leurs volans; tantôt elles sont de planton à la porte de quelque café dont l'aménagement admet les consommations extérieures ; elles feignent quelquefois alors, pour se donner une contenance, de lire un journal, et rien n'est plus exact que ce mot murmuré par une de ces fausses liseuses à l'oreille d'une amie moins ignare :

— Est-ce que je le tiens du bon côté?

Moins fastueuse est la lorette qui n'a jamais été mise dans ses meubles, c'est-à-dire dans une chambre garnie de meubles, à elle donnés en toute propriété. Elle végète dans les hôtelleries de la rue Bréda, du passage Laferrière, de la rue Neuve des Martyrs, de la rue Lamartine. Pauvre pécheresse, cent fois plus à plaindre que celles dont la police autorise les honteux désordres !

Les lorettes vivent peu dans le quartier ; celles qui hantent la brasserie des Martyrs perdent la carte. A force de boire, de fumer, de jouer au piquet et au bezigue avec des gens de lettres et des artistes, elles prennent des allures masculines. La voix éraillée se barytonne pour chanter comme Thérésa le *Sapeur* ou la *Gardeuse d'ours*; l'habitude de rouler des cigarettes imprime à leurs doigts des stigmates jaunes indélébiles. Provisoirement, elles sont heureuses de se promener au bras d'un commis ou d'un clerc d'avoué, d'aller dîner dans une gargotte de l'ancienne barrière Rochechouard, de danser à la Boule-Noire ou de voir du haut des troisièmes galeries quelques vieux mélodrames.

Malheur à celui qui s'unit par un mariage illégitime à l'une de ces drôlesses, il devient ce qu'on appelle un forçat du vingt-unième arrondissement s'il est célibataire, adieu pour jamais les chances d'un établissement honorable! un désordre incurable, éternel est son lot jusqu'aux cheveux gris. S'il est marié, la coquine, sa compagne d'occasion, saura bien le retenir dans ses filets, loin de son foyer délaissé, loin de sa belle et bonne épouse, désolée ou cher-

chant des consolations plus désolantes encore que son désespoir.

Si notre homme est veuf, s'il veut se rattacher à la vie de famille et du devoir par une union nouvelle et honorable, alors la goule est là, toujours là, lui tendant mille embûches dans l'ombre, calomniant la vertu même près de sa dupe qui va lui échapper, et calomniant par des révélations anonymes adressées à la future épouse, celui qu'elle ne veut pas lâcher et qui s'est fait sa proie.

Souvent madame est une de ces fureteuses, de ces collectionneuses de papiers confidentiels, de ces ramasseuses de rognures de lettres égarées ou jetées au panier, qui ne laissent rien perdre. Elle se vante de posséder des lettres, des documents qui pourraient perdre son amant. Elle le tient !

Une nouvelle industrie s'est créée. Un spéculateur a proposé à un certain nombre de ces dames de les faire photographier et de propager moyennant un droit de courtage, les dites photographies. La proposition fut adoptée.

Le lendemain, elles étaient toutes réunies chez le photographe, mises le plus coquettement possible et revêtues des atours les plus propres à faire ressortir leurs charmes. Elles posèrent dans des attitudes voluptueuses, avec un air agaçant et un regard fascinateur. Celles dont les appas n'étaient pas trop avariés choisirent un déshabillé très décolleté.

Huit jours après, elles étaient répandues et exploitées dans les principaux bals, théâtres, cercles, dans tous les lieux de réunion.

L'affaire a eu un succès ébouriffant.

Cette nouvelle industrie s'est propagée avec rapidité sur les hauteurs de Bréda street et aujourd'hui, chez ces colombes, on voit accourir tourtereaux et pigeons, une carte à la main et les yeux fixés sur la figure photographiée, au revers de laquelle se trouve l'adresse de l'original avec ces mots : « se rend à domicile, » qui rappellent le célèbre et naïf *va-t-en ville* des anciennes tondeuses du Pont-Neuf.

Quelquefois de douloureux événements traversent ces démoniaques existences.

Hélène B…, l'une des lorettes les plus admirées, s'était mise au lit au retour du bal.

Elle était en train d'écrire plusieurs lettres sur sa table de nuit. Pour cacheter ces divers plis elle s'était fait apporter une bougie allumée, et, tandis qu'elle achevait sa correspondance, la flamme de cette bougie, placée trop près d'elle, se communiqua à sa cornette, puis à ses cheveux enroulés dessous.

La jeune fille, en cette circonstance, eut assez de présence d'esprit et de courage pour se fourrer

la tête dans ses oreillers, et, malgré la douleur qu'elle ressentait, elle resta dans cette position jusqu'à ce q ue le feu fût parfaitement étouffé. Mais, quand le d auger fut passé, elle s'aperçut qu'elle avait au-dessus de l'œil droit une brûlure assez grave et, pour la soigner, elle fit venir son médecin.

Celui-ci, après avoir examiné la blessure et posé le premier appareil, promit que dans trois semaines au plus elle serait complétement guérie, et Mlle Hélène fit immédiatement défendre, pour le même laps de temps, sa porte à tout le monde.

Pendant la durée du traitement, la jolie malade craignait si fort pour cette beauté qui faisait toute sa fortune qu'elle n'osait se regarder dans une glace; mais chaque fois qu'on la pansait, elle demandait avec anxiété à sa femme de chambre si l'accident laisserait des traces, et celle-ci de lui promettre qu'on n'en verait absolument rien.

Le dernier jour de la troisième semaine en ques-tion arriva et comme les adorateurs, provisoirement évincés, postulaient de toutes leurs forces pour être admis à présenter leurs hommages à la dame, celle-ci se décida enfin à ôter son bandeau et à se regar-der dans une glace pour voir si elle était présentable. Mais, à l'aspect de ces traits qu'autrefois elle se plaisait à contempler, elle poussa un cri de surprise et de douleur, car elle vit alors que la cicatrice avait fait disparaître le sourcil droit, et que la paupière était disgracieusement tiraillée par le rétrécissemen des chairs.

Après cette fatale découverte, Mlle Hélène eut d'a-bord une sorte de crise nerveuse qui ressemblait à de la folie ; mais au bout de quelques heures elle re-devint calme. Elle sembla avoir pris son parti de cette catastrophe et elle se mit à écrire plusieurs lettres qu'elle envoya par sa camériste.

Dès qu'elle se trouva seule, la malheureuse fille roula dans sa chambre à coucher un petit calorifère portatif qui servait l'hiver pour son cabinet de toilette ; elle l'emplit de charbon qu'elle alluma, et tandis que le gaz homicide se répandait, en cet instant suprême où la créature peut compter les minutes qui la séparent de la tombe, elle songea à ceux dont elle avait été toute la joie et qu'elle avait payés d'ingratitude ; elle écrivit à ses parents.....

Lorsque la camériste revint de ses courses elle trouva sa maîtresse morte, la tête appuyée sur la lettre où étaient tracées quelques lignes que les larmes mêlées à l'encre avaient rendues illisibles.....

COMMENT FINISSENT LES LORETTES ?

D'une enquête faite par M. de la Bédolière il résulte qu'au bout d'une période de vingt ans, sur cent lorettes domiciliées dans le quartier Bréda on comptait :

Mortes prématurément de phthisie, de péritonite et autres affections chroniques et aiguës...... 17
Inscrites comme filles soumises.......... 18
Employées au service de la précédente catégorie................................... 18
Proxénètes........................... 6
Dames de compagnie et chaperons à l'usage des débutantes....................... ... 8
Femmes de ménage.................... 6
Épileuses........................... 3
Loueuses de chaises.... 2
Revendeuses à la toilette................. 9
Émigrées pour l'Australie ou la Californie.. 4
Ayant fait des économies et retirées à la campagne.,,............................ 2
Mariées avantageusement à des étrangers.. 2
Mariées en France.................... 2
Somnambule extra-lucide donnant des consultations 1
Enfermées comme folles à la Salpétrière.... 3
Suicidées par ennui ou par misère........ 3
Suicidées par amour................... 1

Chiffre égal........... 100

Il n'y a pas d'éloquence qui vaille celle des chiffres

LES GRISONS

Les grisons ne sont pas toujours des Suisses, quoique les Suisses puissent fort bien être des grisons, lors même qu'ils ne sont pas, comme disait feu Pacot, *nés natifs* du pays de ce nom.

Les grisons sont toute la population masculine du globe, comprise entre la cinquantaine et la soixantaine; au delà, l'homme civilisé devient un barbon; il n'est plus bon à jeter aux chiens.

Le grison est goutteux, catarrheux, cacochyme, et nonobstant toux et quinte, quelquefois amoureux. — Il se figure, quand revient le printemps, être le mâle de la grisette au cou blanc, à la taille svelte, aux appas sphériquement relevés. — Passe-t-elle auprès de lui, il la reluque, il la convoite, il croit éprouver un retour de jeunesse. Il est aux anges, il se sent un feu intérieur qui fait un brasier de son cœur, qu'il croyait sec comme un cuir bouilli à l'époque de l'âpre saison, lorsque le thermomètre marquait 10 degrés au-dessous de zéro. — Le voilà tout effer-

vescent, tout incandescent; il veut avoir auprès de lui une Babet pour lui chanter, à l'instar du *Célibataire* de Béranger :

> Allons, Babet, un peu de complaisance,
> Un lait de poule et mon bonnet de nuit.

Il enjôle et il enrôle la grisette.

Si elle a une mère, c'est avec elle qu'il stipule les conditions de l'engagement : Babet devra être complaisante et fidèle, à condition qu'elle et sa mère ne manqueront de rien; la mère aura toujours sa tabatière pleine de tabac à la rose, des bas de laine et des galoches bien fourrées, du bois pour son hiver ou du poussier pour sa chaufferette, des bonnets piqués pour la nuit et des bonnets à rubans pour le jour. — La mère sera de toutes les fêtes où l'on mangera des marrons et boira du vin blanc; c'est elle qui fera les crêpes, le lit et les petits savonnages

qu'on lui paiera. Elle ne veut pas perdre de vue sa fille, elle a besoin de la diriger. Sans ses conseils, la pauvre enfant serait exposée à ne jamais deviner tout le parti qu'on peut tirer d'un grison. C'est elle qui lui dit : « Fais-toi payer ceci, fais-toi acheter cela, et, s'il te refuse, sois maussade, sois malade, sois grognon, sois boudeuse, sois querelleuse, sois cruelle, mais auparavant sois aimable, sois agaçante, tannante. »

Un grison qui fait la folie de s'amouracher est une rente pour une madrée qui sait s'y prendre : il accorde tout ce qu'elle s'avise de lui demander. Babet est une fine mouche ; on ne croirait pas combien elle est habile dans son exploitation du gros Mongineau.

Ce monsieur a passé longtemps pour un de ces avares célibataires à qui la société, reconnaissante du peu de services qu'ils sont disposés à lui rendre, a prodigué de tout temps l'épithète de *grigou*. — Mongineau mettait écu sur écu, mais depuis qu'il s'est senti une autre passion que celle du surnuméraire, sa monnaie a trouvé à qui parler. Babet la fait valser ; les pièces d'or du galantin sont rondes, et Babet dit que si elles n'étaient pas faites pour rouler, elles seraient carrées comme un damier.

Cela se peut bien ; mais ce n'est pas l'avis des neveux et des nièces de Mongineau, qui, après lui, convoitaient son magot ; les uns et les autres sont désespérés depuis qu'ils ont appris qu'il s'est enflammé pour ce qu'ils appellent une guenon. — Malédiction sur le grison, qui s'avise d'être sensible au charme de la beauté ; tous ses parents lui tourneront le dos et lui feront une moue longue d'un mètre vingt centimè-

tres. Comment donc ! le monstre leur dérobe un héritage auquel ils ont seuls des droits imprescriptibles ; il méconnaît les exigences de famille, dès lors il n'est plus qu'un scélérat, un gueux renforcé, qui se laisse conduire par le bout de l'organe sur lequel se posent les lunettes. — Qui sait s'il n'a pas fait un testament excentrique à la parenté ? On en parle ; et pourtant, comme il ne songe pas le moins du monde à mourir, ce testament, du moins de sa part, n'est pas même encore à l'état de projet.

Babet, poussée par sa mère, dit bien quelquefois à son vieux qu'il ferait bien de lui passer quelque chose sur la tête, par devant notaire ; mais lui fait la sourde oreille, et comme Babet est coquette, pour la faire taire, il lui donne un magnifique chapeau de velours avec des marabouts, ou un élégant toquet, ou un beau bonnet de blonde à fleurs, ou peut-être un oiseau du paradis pour parer la tête d'enfer de ce lutin femelle.

A certains moments, M. Mongineau, pour faire pièce à ses parents, épouserait volontiers Babet ; dans d'autres, il lui vient des idées de prince, et il aurait presque la fantaisie de la marier à un nigaud intéressé qui l'accepterait de sa main, sous la condition de ne pas être jaloux. Il ne l'épouse pas parce qu'il lui faut vraiment être philosophe pour n'avoir pas peur des caquets de la petite ville où il réside ; il en ferait la femme d'un autre, parce qu'alors il lui semble que ses neveux et nièces ne le verraient plus d'un mauvais œil.

Mais la dot ! la dot ! qui voudra de Babet sans dot ? Cependant la jeune colombe lui reproche quelquefois qu'avec lui elle passe son temps et sa jeunesse sans profit pour l'avenir. Je ne sais ce qu'il lui conte pour la rassurer, mais un beau jour Babet s'ennuie de lui prodiguer ses plus suaves œillades, ce qui prouve qu'elle n'est pas rassurée du tout. Le canevas des sentiments simulés se déchire comme un vieux taffetas, et le grison, s'il n'était la proie des plus décevantes hallucinations, pourrait voir qu'on n'est pas prodigieusement entiché de sa personne.

Une jeune fille a besoin de distractions, et avec M. Mongineau on ne va jamais nulle part. Le coin du feu toujours le coin du feu ou l'alcôve, où Babet ne regarde qu'en gémissant l'oreiller de sa servitude. Elle déteste son vieux protecteur, et pourtant sa mère exige encore qu'elle le ménage ; s'il vient à s'enrhumer, elle ne voudra plus qu'elle le quitte une seule minute. Elle devra lui préparer ses tisanes, lui couper sa pâte de lichen, lui tendre la serviette dans laquelle il expectore pour l'instruction de son docteur et la propreté de son appartement ; elle devra... Non, ceci est une besogne maternelle, et le bassin, le

révoltant bassin, ne sera pas de sa compétence. Sa mère, dont l'odorat est blasé et l'œil sans imagination, lui épargne ce petit soin, qui est le plus gros de tous. — Babet ne fera que brûler du sucre ou évaporer du vinaigre sur la pelle. — Elle sera la belle parfumeuse de céans, et quand la suave odeur aura remplacé les miasmes écœurans, elle pourra reprendre son feston. On sait que le travail empêche les pensées vagabondes, et que si par hasard elles s'avisent de naître, il a la puissance de les bannir. — Si notre aïeule, madame Ève, se fût amusée à se

tricoter des bas au lieu de se chauffer au soleil en se remuant les puces, elle n'aurait pas été tentée de prêter l'oreille au discours du serpent qui la tentait. Jamais la perfice reptile ne se fût glissé entre ses aiguilles pour lui proposer ce qu'il lui proposa et ce qu'elle accepta, comme on accepte une pomme dont le don ne tire pas d'ordinaire à conséquence. — Voilà la leçon du moraliste, elle est excellente. — Malheureusement, Babet trouvait le feston d'une horrible monotonie, et ce qu'il y a d'insipide dans son demi-contour régulier ne lui fut jamais si manifeste que la veille de Noël 1867.

Ce soir là, elle signifia à M. Mongineau qui, depuis huit jours, était enrhumé comme un loup, qu'elle irait à la messe de minuit ; elle avait, disait-elle, une irrésistible soif d'entendre l'orgue dont le jeu venait

d'être raccommodé précisément pour imprimer un caractère plus majestueux à cette solennité.

M. Mongineau lui objecta que la messe de minuit était pleine de périls pour les jeunes personnes, il lui raconta comme quoi on mettait de l'encre dans le bénitier : — Eh bien ! lui dit-elle, je ne prendrai

pas d'eau bénite.

Comme quoi des espiègles cousaient ensemble les robes des dévotes trop attentionnées à l'office : — En ce cas, répliqua Babet, je ne cesserai de regarder autour de moi ;

Comme quoi, dans l'obscurité, on était exposé à des attouchements indiscrets : — Ah ! objecta-t-elle, vous supposez que tout le monde est comme vous ; et puis on ne se frotte qu'à celles à qui cela convient ;

Comme quoi, en sortant, une femme pouvait être insultée et même détroussée. Babet répondit qu'elle ne craignait rien. Sur tous les points elle lui rivait son clou.

Alors Mongineau lui parla des poids fulminants dont il avait appris que les polissons de la ville devaient inonder l'église. Vous posez le pied dessus, et ça vous crève un œil. — Par dessous les jupes, s'écria en riant la terrible Babet ; vous nous la baillez belle, mon cher monsieur Mongineau.

— Mais, Babet, appelle-moi donc Charles, et ne me dis plus vous, c'est pour la millième fois que je te fais observer que toute véritable tendresse ne s'exprime que par la famaliarité de l'intime tutoiement.

— Tu veux donc absolument que je vous tutoie, j'y consens ; mais pour que cela ne soit pas ridicule ? je t'appellerai grand-papa. Grand-papa, vous me mènerez, c'est-à-dire tu me mèneras à la messe de minuit ?

Ici une quinte à suffoquer livra grand-papa à une incalculable série de soubresauts ; quand elle fut passée, il était huletant comme le soufflet d'un maréchal.

— Non ! non ! bobonne, je ne te mènerai pas, je ne t'accompagnerai pas, je ne sortirai pas, je ne quitterai pas mon foyer ; reste, louloute, et nous ferons griller des marrons, et nous boirons du vin blanc et je fumerai du stramonium dans ma pipette d'écume de mer, et tu me chanteras : *Vivandière du régiment;* va, c'est bien plus gai que tous les orgues de la terre, que le *Noël* d'Adam, et puis nous nous coucherons, et puis nous aurons chaud comme de petites cailles, pendant que les autres se gèleront et qu'ils attraperont de désastreuses fluxions de poitrine ; ça y est-il, ma petite bibiche ? — Ça n'y est pas. — Sois donc gentille un brin, mon amour. — Pour que je sois gentille, il faut nécessairement que j'aille à la messe de minuit. — Comment! tu irais sans moi? — Sans vous, on ne me mangera pas. M. Mongineau, dans plusieurs occasions, s'était aperçu que Babet avait une volonté, et qu'on ne gagnait rien à la heurter de front. — L'état de ses poumons passablement affectés ne lui permettait guère de conduire Babet à l'église ; en conséquence, il lui demanda avec qui elle comptait s'y rendre.

—Plaisante question, répondit la jouvencelle ; avec ma mère, du moins vous serez tranquille.

— Toujours *vous*, ce diable de *vous*, qui glacerait un charbon ardent. Quand perdras-tu cette détestable habitude ? *Vous*, cela se conçoit en public, pour le décorum ; mais de toi à moi, lorsqu'il n'y a pas âme qui nous entende, *vous* est la plus infernale des musiques ; j'ai droit à *toi*, mon cœur, et ton *vous* est le plus déplacé des *vous* qui se soient jamais échappés d'une jolie bouche. Allons, ma charmante, module moi un gracieux *toi*, un *toi* bien affectueux, un *toi* des plus calorifiques, et je te permets la messe de minuit.

— Bien vrai ? — Très-vrai ! mais dis-moi *toi*. — *Toi!* Je ne sais rien de plus insupportable que *toi!*

— Ah! s'exclama avec transport le pressant Mongineau, le voilà enfin prononcé ce mot, ou plutôt ce simple monosyllabe qu'il te coûtait tant de proférer et auquel j'attache un si grand prix : j'ai pu l'ouïr et tu es libre.

Babet sourit agréablement à son monsieur, puis elle courut dans une pièce voisine chercher l'attirail de sa plus brillante toilette, et quand elle eut posé tout sur le lit commun avec une extrême précaution pour ne rien froisser ni déplisser, elle rentra dans la pièce d'où elle avait apporté ses atours. — Ce qu'elle y fit, vous allez le savoir.

Elle fit sa langue rose et nette comme le plus ravissant des camélias. Elle fit ses deux petits pieds mignons blancs comme neige, et leur imprima une douce senteur d'essence d'œillet. Elle tendit bien sur sa jambe élégante le riche tissu d'un beau bas de soie, retenu au-dessus du genou par une jarretière vierge de la plus séduisante fraîcheur ; elle était bleu ciel ou ciel bleu, qui est, comme on dit, la cou-

leur des amoureux ; elle lustra l'émail de ses dents d'ivoire avec la fine poudre de corail. Elle passa sa chemise la plus neuve avec garniture de dentelle dans le haut et dans le bas. Elle fit une abondante consommation d'eau de Portugal... cérémonie de l'ablution. Elle lustra les bandeaux de sa riche chevelure. Elle prit son corset le plus constricteur. Et étant revenue auprès de M. Mongineau, elle lui mit à la légère un baiser sur la joue, en lui disant : — Vous allez ou tu vas me lacer. Et pendant qu'il la laçait, elle prenait des attitudes de cancan, dont les unes signifiaient : on ne dira pas que je n'ai pas de hanches ; d'autres : qu'elle croupe ! j'espère qu'on n'a pas besoin de tournure ! d'autres encore : avec une jambe de cette qualité, on ne craint pas de se retrousser quand il pleut. C'était là du style descriptif en action, un panégyrique à la muette.

A présent, donnez-moi mon jupon. M. Mongineau le lui passe. — Non, pas celui là, celui de mousseline brodée. M. Monginean présente le jupon de mousseline. — C'est bien..... Maintenant, ma jupe de dessous en satin blanc. M. Mongineau la laisse tomber. — Oh! qu'il est maladroit ! Voyons, ramassez-la et prenez garde de la friper. M. Mongineau fait l'effort de la ramasser; je dis effort, car il n'a plus les reins souples et il ne se baisse pas facilement. — Passez-moi ma robe, et n'écrasez pas les volans. M. Mongineau enlève la robe qu'il tient gauchement suspendue par l'extrémité la plus finale du pouce et de l'index de la main droite. — Quittez donc votre pipe quand vous faites quelque chose ! lui dit impérieusement Babet. M. Mongineau ne tient pas compte de l'avis, et, tout en fumant il coiffe de la robe son jeune tyran domestique qui, d'un bras relevé sans doute avec intention sous prétexte de l'introduire dans une manche et d'en relever l'entournure, lui casse sa pipe et la fait tomber à ses pieds. Quel malheur ! Babet en rit intérieurement, ce qui ne l'empêche pas de se fâcher. — Voilà ce que c'est, dit-elle ; si vous m'aviez écoutée, cela ne serait pas arrivé. Au surplus, j'en suis bien aise ; je suis très-sûre que, grâce à l'accident, il n'y aura pas de cendre sur mon col. Mais que faites-vous donc ? vous ne m'agrafez pas ?

M. Mongineau continue son métier de femme de chambre ; mais les fragments de sa pipe, qu'il voit gisans sur le carreau, lui préoccupent l'esprit ; il passe deux agrafes après s'être donné une peine infinie pour opérer la jonction de celles qui sont à la hauteur de la ceinture ; il est tout en nage, et il faut qu'il recommence ; aussi, a-t-il un moment d'humeur, et il est certes bien pardonnable de ne pas garder la plus imperturbable sérénité, car l'infortuné s'est cassé deux ongles.

— En vérité, s'écria-t-il, je crois que les femmes sont folles de s'étriquer de la sorte, et je parie que si l'on coupait ces guêpes à l'endroit de la taille, leurs intestins et viscères sont tellement pressés et confondus, que la tranche ressemblerait à celle d'un saucisson. Le cœur avec le foie, le foie avec la rate, la rate avec je ne sais trop quoi ; enfin, mesdames, vous n'êtes au dedans que de la viande emballée, de vraies mortadelles ! Et tous ces pauvres organes ainsi comprimés, torturés, comme ils se plaignent d'être à la gêne ! C'est au point que dernièrement, passant sur la promenade, je fus tout à coup étonné d'entendre dans un lieu des plus secs un bruit singulier qui ressemblait aux coassements d'une grenouillère ; je m'approchai pour en découvrir la cause, et les seules grenouilles que j'aperçus étaient trois sveltes demoiselles dont les corps trop étreints étaient dans une effrayante conversation de borborygmes qui se donnaient mutuellement la réplique où se faisaient écho. Ah ! ma chère, quel gargouillement !

Voilà pourtant, Babet, comme tu seras à la messe ; et, s'il y en a beaucoup comme toi, je défie qui que ce soit de saisir les morceaux exécutés par notre organiste.

— Dieu, êtes-vous cocasse, mon bon M. Mongineau, avec votre concert de borborygmes ! Tout cela n'empêche pas l'utilité du corset et de tout ce qui nous rapetisse, et vous aurez beau dire, la femme est un être faible qui a besoin d'être soutenu : en attendant, l'heure s'avance ; aidez-moi à mettre mon châle, et si vous avez le compas dans l'œil dites-moi s'il fait la pointe dans le milieu... — Parfaitement !

Babet se tourne et retourne en serrant son châle de manière à lui faire dessiner sa taille, et pendant les évolutions de cette pose semi-voluptueuse, elle jette un regard en arrière sur toutes ses courbes postérieures, et s'écrie avec enthousiasme : « Je suis-y cambrée !

A revoir, monsieur Mongineau, bonsoir, monsieur Mongineau. Votre infusion est au coin du feu, dans la petite cafetière, et si vous souhaitez du sirop de gomme, vous le trouverez dans le placard auprès de la cheminée. Adieu !

— Comment, adieu ? Au revoir ! Onze heures viennent de sonner à la paroisse, et je me flatte qu'à une heure, au plus tard, ma Babet sera de retour. —

Ah ! oui, au revoir, reprit-elle en tirant la porte sur elle... après l'office de l'aube, ajouta-t-elle dans l'escalier qu'elle descendit rapidement. — Et tes heures, lui cria M. Mongineau, tu les oublies. —

Qu'importe, répondit-elle en accélérant le pas, je n'en ai que faire ? L'église n'est pas assez éclairée pour qu'on puisse lire. Cependant, à l'occasion du ré-

veillon, M. Mongineau, en projetait un très-confortable en tête à tête avec son adorable Babet. Aussi, à peine était-elle dans la rue, cheminant vers l'église, ainsi qu'il le croyait, qu'ayant allumé sa lanterne, il s'était dirigé vers le plus magnifique établissement de charcuterie de la cité provinciale...

M. Mongineau acheta deux bouts de boudin pur sang pour régaler Babet. — Puis trois saucisses truffées, dont une pour lui et deux pour Babet, qui les aimait à la folie, et qui pour elles aurait fait des bassesses, comme plus d'une modiste de la rue Vivienne pour les huîtres vertes de Cancale.

Rentré chez lui, ce brave cher homme fit un tour dans sa cave de célibataire, où il visita les vieux cachets et prit quelques toniques en bouteilles,

avec accompagnement de deux flacons d'un champagne des plus mousseux : rien ne devait manquer au festin.

Cependant minuit a sonné depuis plus d'une heure trois quarts ; M. Mongineau s'impatiente, car Babet ne revient pas ; il met la tête à la fenêtre, se crève les yeux pour apercevoir, et s'exhalte le tympan pour entendre.., rien, absolument rien, tout est calme et silencieux. Enfin, il lui semble distinguer un bruit de pas sur le pavé, des bottes qui résonnent; peut-être est-ce quelque chevalier galant qui aura offert son bras à Babet; il se met aux aguets et reconnaît très positivement M. Forêt, contrôleur des droits réunis, lequel, pour faire sa

ronde nocturne et veiller à l'exactitude du service, a jugé à propos de s'armer d'un énorme gourdin, de crainte d'accident. Le contondant est le meilleur préservatif du contondant, quand on sait jouer du bâton, c'est le système homéopatique. Ne connaît-on pas le bâton, il reste l'expédient de jouer des jambes... Il prête encore l'oreille.

— Ah! ah! s'écrie-t-il, de la musique! Est-ce! qu'on me la ramènerait en musique par hasard? Mais comment donc, c'est une clarinette! Miséri-

corde, quel déchirant canard! Ah! je ne m'étonne plus, c'est ce fou de Tristobone qui, comme dans la désopilante folie théàtrale intitulée : *Le hareng saur malgré lui*, répète le mélancolique solo qu'il doit exécuter demain à la société philarmonique.

M. Mongineau referme sa fenêtre et recharge sa pipe... Il est toujours dans une excessive inquiétude.

— Ah Babet! Babet! inexorable Babet, que de mauvais sang vous me faites faire! que de bile noire, jaune, verte, vous remuez en mon chétif individu! Babet, où êtes-vous? que faites-vous, ma bonne amie? à quoi songez-vous, que cherchez-vous à cette heure indue? Ingrate créature, tu ne sens pas que je suis sur le gril, que le boudin y sera bientôt, tu n'as qu'à paraître, que mes saucisses te tendent les bras, et que tu es adorée. Elle ne vient pas, nous avons un si bon feu!... Ah! ou je me trompe fort, ou voici des voix de femmes.

M. Mongineau se précipite à sa croisée; un groupe s'avance; infailliblement Babet doit en faire partie; elle se sera attardée dans la compagnie de quelques dévotes, qui n'auront pas voulu la laisser revenir seule... Je les remercie de leur prudence... Il écoute... le groupe approche de plus en plus, et il peut se mettre au fait de la conversation, qui est générale entre les personnes dont il se compose.

Ces personnes sont : madame Moutonnet et Gertrude, la servante du presbytère, dont elle a fait la connaissance au sortir de la messe de minuit; Mé-

lanie, femme de chambre de madame Moutonnet, et la mère Gavaud, cancanière par inclination, et matelassière de son état.

— On ne se figure pas, dit la mère Gavaud, combien la discrétion nous est nécessaire, car nous pouvons être appelées partout, et, certes, les mystères du lit ne nous échappent pas. Donnez-moi un matelas, quel qu'il soit, et je vais vous dire à la minute, en voyant la laine, si c'est homme ou femme qui a couché dessus, ou si c'est un couple qui y a pris son repos. A cet égard on ne m'en impose pas : c'est moi qui carde pour M. le maire, et Gertrude est à même de vous certifier que je m'y connais. N'est-ce pas, mademoiselle Gertrude?

— Oui, oui, certainement; vous cardez comme une divinité la toison du mérinos et votre prochain.

— C'est moi qui vous ai cardé pour M. Mongineau; ce grison-là n'a-t-il pas voulu me faire accroire que Babet et lui faisaient deux lits! A d'autres, mon cadet; deux lits! ah bien oui! ça se pourra pour cette nuit, car, à l'heure où l'on se rendait à l'église, j'ai rencontré Babet qui filait d'un autre côté avec le premier clerc de Me Bardou, le notaire qui est si la place. — Ce grand escogriffe qui a un chapeau pointu et des éperons, qui se met comme dans le temps du Directoire, demanda vivement la femme de chambre; si madame savait cela, elle serait contente! Dites donc, madame Moutonnet, M. Longin qui vous fait des traits. — Qui! qu'est-ce? s'écria madame Moutonnet; ce petit clerc aurait l'audace... — Eh mon Dieu, non! repartit la mère Gavaud, çe n'est pas celui-là, c'est l'autre. — L'autre! lequel? — Le freluquet à moustaches, ce fringant qui est toujours pimpant et frétillant comme un poisson dans la vase.

L'horloge, à ce moment, frappa deux heures, le groupe de femmes se sépara, et M. Mongineau referma sa fenêtre; il était d'assez mauvaise humeur, et il avait bien raison, vu qu'il lui était maintenant démontré que si Babet avait voulu se mettre si blanchement, ce n'était ni pour le ciel ni pour lui. Il eut même un quart d'heure de rage, après lequel il essaya de donner carrière à ses réflexions, tout en fumant une nouvelle pipe et faisant passer dans son

erre une notable portion du liquide qu'il avait apporté pour se mettre en pointe de gaieté avec son odalisque.

—A tout prendre, disait-il, je ne suis pas de la première jeunesse; cette chère enfant ne s'est que trop aperçue qu'en ma barbe, laquelle je n'ai jamais voulu teindre, il y a un mélange de blanc et de noir, par trop patriarcal. Elle a reconnu que mes cheveux devenaient de plus en plus rares, et mes dents pareillement; elle n'aura pas non plus manqué de faire la remarque que mes jarrets ne sont que médiocrement tendus, et que mes genoux fléchissent. Partant, elle a cherché une barbe unicolore, des cheveux plus touffus, des dents plus solides et plus drues, des jarrets plus fermes et des genoux moins fléchis; son excursion est ma foi très-naturelle; je transige donc, et pourvu qu'elle revienne, je lui pardonne.

C'était là de la philosophie. M. Mongineau commençait à comprendre que le monopole ne lui était guère possible, et qu'il ne tenterait pas de l'exercer sans la plus odieuse tyrannie. Il se promit de se pa-

rer d'une certaine dose de tolérance, et ce plan de conduite qu'il se prescrivait étant bien arrêté dans son esprit, il rentra dans sa couche solitaire, et dès qu'il n'eut plus froid aux pieds, il ronfla comme la pédale d'un orgue qui vient de terminer son air.

Le lendemain il était près de midi quand il se réveilla. Babet n'était pas encore de retour; il ne la vit même qu'à la tombée de la nuit. Pour reparaître sans désavantage devant M. Mongineau, elle avait besoin d'une lumière incertaine; il ne fallait pas qu'il fût trop frappé de quelques visibles altérations.

— D'où vient, bonne amie, lui dit-il, que tu n'es pas rentrée plus tôt? la messe de minuit se serait-elle prolongée jusqu'à cette heure?

Babet balbutia quelques excuses sans vraisemblance et il feignit de les trouver valables, ce qui fit que Babet, sauf quelque apparence de langueur, fut mille fois plus aimable que de coutume. Elle vit clairement que son sultan n'était pas dupe de ses petits mensonges, et elle en conçut pour l'avenir une délicieuse sécurité.

— Bon se dit-elle, il consent à fermer les yeux il a pris son parti en brave; c'est à merveille. La paix est désormais assurée dans notre ménage, et j'entrevois que si mon Adolphe n'est pas trop jaloux, rien ne troublera la félicité que je me suis promise en cultivant sa connaissance.

Adolphe était l'ami de cœur.

M. Mongineau ne laissait pas de se chiffonner quelque peu la cervelle; ce partage d'affection lui semblait assez triste; mais qu'il le voulût ou qu'il ne le voulût pas, cela était dans l'ordre des choses de ce monde, et ce qu'il avait de mieux à faire, c'était de remercier tout à fait Babet ou de s'y résigner. Renoncer à Babet était au-dessus de ses forces; quel grison ensorcelé par les charmes d'une grisette s'avisera jamais de la répudier parce qu'elle est infidèle ? Loin delà, il redoublera vis à vis d'elle de complaisance et de faiblesse ; il croira la charmer en la comblant de largesses, il craindra de l'irriter par le moindre refus, il lui accordera tout ce qu'exigera son caprice, il préviendra tous ses désirs, il la conduira partout où elle aura témoigné la volonté d'aller, et s'il suppose qu'elle puisse être gênée par sa présence, lui accordant liberté pleine et entière, il lui mettra ce qu'on appelle la bride sur le cou ; en un mot, il fera en sorte de ne jamais devenir pour elle, ni un obstacle, ni une importunité : il s'attachera à n'être au contraire que sa providence et la ressource dont elle se garderait bien de se priver. Ainsi le commode ami de Babet, par espoir d'être chéri à cause de sa commodité, par appréhension d'être quitté à cause des ans qui s'accumulaient sur son front, faisait là de bien grands sacrifices. Mais ce n'est pas tout, il tenait beaucoup à ce que Babet ne fût plus autant humiliée par les symptômes qui trahissaient son âge : cette fille devait être horriblement vexée, canulée, caligulée même, lorsqu'en lui parlant de M. Mongineau, ses compagnes lui disaient *ton vieux*. Pour lui épargner cet affront, il forma donc très-sérieusement le projet de se rajeunir, il commença par sa chevelure ; pendant 56 jours consécutifs, il se fit raser la caboche pour en faire épaissir la fourrure. Babet, la voyant ainsi dénudée, était chaque fois saisie d'un fou rire ; il lui semblait voir un genou, et Adolphe ne l'abordait plus sans lui demander *comment va ta tête de veau ?*

M. Mongineau ayant eu quelque affaire dans l'étude où travaillait son rival, eut la douloureuse occasion de se convaincre que cette offensante qualification de tête de veau lui était à tout propos prodiguée. Il fallait mettre un terme à de tels excès, et il écrivit à Paris pour qu'on lui expédiât de cette

ville, si abondante en luxurieux postiches, une perruque raie de chair imitant la nature. Celle qu'on lui envoya avait été admirée à l'exposition universelle de 1867. Il s'en coiffa, mais dès ce moment sa tête devint un vrai joujou pour Babet, qui prenait un malin plaisir à faire faire volte face à sa perruque, et qui le laissait sortir sans l'avertir qu'elle était sens devant derrière. — Était-elle espiègle cette Babet ! Mais elle avait beau faire de méchants tours à ce patient et amoureux M. Mongineau, il ne s'en fâchait pas. Pour lui plaire, chaque jour il redoublait de jeunesse factice, c'est-à-dire d'extravagance et de ridicule ; Il folâtrait comme un jouvenceau ou plutôt comme une vieille coquette qui prend des manières jeunettes pour captiver un adolescent que dégoûtent ses agaceries et ses grimaces.

Il se levait dès l'aurore, et carnassière au dos, fusil sous le bras, guêtres de cuir aux jambes, casquette en tête, comme Robin des Bois, il aspirait à passer pour un chasseur diligent ; il avait un magnifique chien d'arrêt, il se vantait de lasser à la course cette étonnante bête, et à peine avait-il parcouru en plaine un kilomètre au pas le plus ordinaire, qu'il était hors d'haleine, s'assayait pour prendre du repos et employait vingt-cinq minutes et deux foulards à s'essuyer le front.

Il voulait être de toutes les parties et de tous les bals, et il payait des déguisements à Babet pour qu'elle s'amusât pendant qu'il se récréait. Son bonheur était de lui persuader qu'il était encore un homme à bonnes fortunes, et elle lui procurait cette satisfaction en se concertant avec quelques-unes de ses compagnes qui faisaient semblant d'être tout de bon tombées dans ses filets.

M. Mongineau avait autrefois habité la Capitale au temps où il était étudiant en droit ; il lui vint en fantaisie de revoir le pays latin, agréable théâtre de ses anciennes fredaines; il lui parut piquant de mener, dans son automne, la vie d'apprenti Cujas: il proposa à Babet d'être du voyage, et comme alors il y avait de la brouille entre elle et Adolphe, qui avait à lui reprocher d'être devenue un peu volage, elle accepta avec enthousiasme. Quelle jeune fille, un peu émancipée, n'est bien aise de s'absenter de son département au profit de la centralisation? Le départ eut lieu à la fin de la première quinzaine.

Ils s'installèrent dans un hôtel du pays latin, où ils se proposaient de passer le reste du carnaval; Dieu sait si Babet et lui y firent de nouvelles et précieuses connaissances !

M. Mongineau apprit dans leur société toute l'utilité de posséder quelque talent d'agrément; il n'aurait pas été fâché de devenir un virtuose distingué sur la trompe retentissante. Cette occupation a quelque air grandiose. On s'imagine que les auditeurs qui vous maudissent supposent qu'au fond de votre province vous avez un château, des piqueurs, une meute. On se donne, à peu de frais, un parfum de grand seigneur; plus d'un fils d'épicier a tenu à faire naître à son profit pareille croyance dans les environs de la place de la Sorbonne.

Malgré son amour pour la trompe aristocratique et quasi-féodale, M. Mongineau, ne voulant pas se mettre en pleine révolte contre les règlements de police, se résigna au basson, dont les notes sourdes imitent à s'en méprendre les crépitation digestive

d'un hippopotame qui a trop bien dîné, le supplice de toute oreille éprise de l'harmonie. M. Mongineau prit des leçons de cet instrument, et les sons aigres qu'il en tirait ne furent que trop entendus dans cette rue des Maçons-Sorbonne, autrefois si calme et pleine d'un studieux silence.

Pendant qu'il apprenait à importuner tous ceux qui avaient le malheur d'être dans le voisinage de l'hôtel qu'il habitait, Babet vocalisait et s'évertuait d'autres fois sur la guitare, sous les yeux de M. Gustave, intéressant carabin, qui avait bien voulu se charger de son éducation musicale.

M. Gustave et M. Mongineau, dont la bourse était raisonnablement garnie, était devenus les deux inséparables. M. Gustave était adoré de Babet, qui ne jurait que par lui; M. Gustave était de toutes les parties; quand on souhaitait aller quelque part pour s'amuser, c'était lui sur qui l'on comptait; c'était avec lui qu'on se perfectionnait, sous la rotonde de Mabille, dans les mobiles postures fantastique du plus raffiné des cancans. M. Mongineau menait la vie la plus désordonnée, une vraie vie de futur bachelier, qui d'année en année remet son examen aux calendes grecques. Babet se dévergondait à son exemple, et ce n'est pas trop dire que d'affirmer qu'en moins d'un mois, avec la permission de Gustave, elle avait parcouru tous les numéros de l'hôtel. Gustave avait été son initiateur à la cynique philosophie du changement, que Mongineau préconisait aussi sans regret, parce qu'on avait eu le soin de lui ménager des compensations.

En très peu de jours, les deux voyageurs furent acclimatés dans l'orgie.

M. Mongineau, voulant rivaliser avec les plus jeunes et les plus vigoureux, se donnait des culottes

à faire frémir. Une nuit, à la suite d'un souper dont il avait fait les frais, il fut délaissé sur le pavé le plus glissant par la bande joyeuse qu'il avait régalée. Il était alors en débardeur, mais il n'avait guère le pied marin, et ceux qui le virent dans cet état durent se faire une idée des casuelles vicissitudes auxquelles peut être exposé l'homme qui porte dans sa tête le principe d'un roulis indéterminé.

Tandis qu'il était bousculé par ce tangage incompatible avec la recherche d'un centre quelconque de gravité, Babet se disposait à conclure une nouvelle union. Elle avait rencontré un de ces hommes sérieux toujours prêts à faire des sacrifices pour une belle personne qui consentirait à n'être qu'à eux seuls.

— Comment, lui disait ce grave personnage, pouvez-vous rester avec un être aussi méprisable que M. Mongineau? Mais, belle demoiselle, vous êtes un trésor, et si vous m'appartenicz, si mon amour était partagé, je me croirais le plus fortuné des hommes.

— Vraiment, monsieur, vous auriez songé à moi?

— Mais beaucoup, petite; mais toujours! Et dès que j'eus le plaisir de vous voir, j'éprouvai un violent chagrin de voir une si brillante perle tombée à toute autre place que celle qui lui était destinée par la providence.

— Vous plaisantez.

— D'honneur, je ne plaisante pas, et il dépend de vous de me voir à vos pieds. Dites un mot et dès demain nous montons en chaise de poste; je me rends avec vous en Allemagne où je dois remplir une mission importante; de là nous partons pour la Pologne où je recevrai de nouvelles instructions de mon gouvernement (le monsieur était un agent diplomatique), puis nous filerons sur Saint-Pétersbourg où je compte résider un an ou deux. Pendant notre séjour vous apprendrez le russe et la musique, et au moment de quitter mon poste, je ferai annoncer dans les journaux que le comte de*** revient dans sa patrie avec la fille d'un des plus riches boyards, à la famille duquel il a eu le bonheur de s'allier. Petite, je vous fais entrevoir l'avenir, permettez-vous que je vous retire de l'abîme? acceptez-vous, mon adorable?

Babet le regarda un instant avec une étrange fixité, afin de lire dans ses yeux si le ton presque austère de ses paroles ne cachait pas quelque froide mystification; mais elle put se convaincre qu'il y avait de la sincérité dans la proposition.

— Eh bien! lui répondit-elle, je suis à vous, toute à vous, à vous seul; je le jure par la cendre de ma mère, qui est encore vivante, Dieu merci!

Cette naïveté fut fort agréable au comte, qui en tira cette conséquence que Babet n'était pas aussi profondément pervertie qu'elle en avait l'air; elle était encore une demi-innocente dont il lui serait possible de faire l'éducation.

Aujourd'hui Babet est une fort grande dame; elle habite sous des lambris dorés; elle marche sur des tapis d'une extrême magnificence; elle est l'idole des salons; hommes et femmes, tous la recherchent; on n'estime pas moins sa beauté que son caractère; elle fait les délices de la haute société où l'on célèbre ses grâces, son enjouement et surtout l'excellence de son cœur. — Oh! ces princesses russes, dit-on de toutes parts en parlant d'elle, sont divinement élevées; comme cela sent sa naissance! quel ton admirable! quelle élégance! quelle aisance de manières!... L'ex-Babet a des qualités réelles. La comtesse est invitée,

attendue, accueillie dans les réunions les plus éclatantes; point de belle fête si on n'a l'avantage de la posséder, elle en est l'ornement le plus apprécié; on la cite pour le goût exquis de sa toilette, pour l'excellent choix de ses parures.

Pour être dans les grandeurs, celle qui fut Babet

n'en est pas plus fière. Il y a même des instants où, abdiquant tous ses titres, elle descend au niveau de sa livrée. Son chasseur, personnellement favorisé de la familiarité de son doux regard, chante ses louanges dans tous les cabarets des quartiers où elle se rend en équipage. C'est du reste un homme comme il faut qui s'est dévoué, mais qui a reçu une certaine éducation. — Un matin qu'elle était seule avec lui.

— Fritz, lui dit-elle, connaissez-vous le bal Mabille?

— Et qui ne le connaît pas? Madame la comtesse attendrait-elle de moi quelque renseignement sur ce lieu de délices? Madame, dans ce cas, n'aurait qu'à parler, elle peut compter que, suivant mon usage, je m'empresserai de satisfaire tous ses désirs.

— Très-bien, mon cher Fritz, je ne souhaite pas précisément avoir des renseignements, mais un feuilleton fort intéressant, que j'ai lu dans le *Figaro*, a si vivement piqué ma curiosité, que je me suis promis de saisir la première occasion de m'assurer si ce que dit le feuilletoniste est conforme à la vérité; ces mœurs d'étudiants, de grisettes et de calicots doivent être très-divertissantes à observer.

— Si madame suppose que ce sont des mœurs divertissantes, madame est tout-à-fait dans l'erreur, et j'en demande pardon à madame, si je ne puis faire usage d'une expression plus polie pour lui faire comprendre qu'elle tombe dans la plus étrange des méprises. Le laquais, dont les mœurs étaient jadis d'un si grand mépris, est actuellement un personnage de belles manières, si on le compare à l'étudiant et au calicot; les rôles se sont complètement intervertis sur l'échelle de la dépravation, et le cynisme révoltant des voyous s'est exilé des faubourgs pour devenir le partage de ce qu'on appelait à une autre époque la jeunesse d'élite. Le calicot a toujours

té plus ou moins un personnage de mauvais ton,
renommé pour ses farces niaises et ses bambuches
le nigaud ; il est resté à peu près ce qu'il était, mais
l a sali son langage : hors de son magasin, il est
généralement mal embouché, et il est plus auda-
cieusement bête, plus entreprenant et plus crapuleux
qu'autrefois : s'il a une maîtresse, il la façonne à
n'avoir pas plus de pudeur que lui-même, et il n'y
tiendra qu'autant qu'elle surpassera ses pareilles dans
les excentriques manifestations qu'il est enjoint à
tout sergent de ville ou garde de Paris de réprimer.
L'étudiant est cent fois pire ; il est entendu qu'il ne
s'agit nullement ici de l'étudiant laborieux : celui-là
ne fait pas de bruit, et ses passions de jeune homme
sont couvertes d'un voile de discrétion. Il y en a
quelques-uns comme cela ; mais les autres, ah ! madame, quelle détestable engeance ! il faut les avoir
vus comme moi pour s'en faire une idée. Le quartier
qu'ils habitent est encore aujourd'hui tout plein
d'hôtels enfumés, de garnis mal famés, d'estaminets
ayant l'aspect de véritables repaires, et de cafés
borgnes où on leur fait crédit dans l'espoir de leur si-
gnifier un jour des mémoires d'apothicaires qu'ils
paieront ou qu'ils feront payer par leurs parents.
Ces hôtels, ces garnis, ces estaminets, sont infestés
de vagabondes créatures que l'esprit de débauche,
l'aversion du travail le dégoût d'un métier trop peu
lucratif ou sujet à trop de chômages, ont mises à la
disposition des écoles. Plusieurs de ces pécheresses

furent d'abord des enfants charmants : aux jours de
premières communions à Saint-Étienne-du-Mont, à
Saint-Séverin, à Saint-Sulpice, on les a vues faire

partie de ces longues et blanches files de vierges
dont les frais visages respiraient la candeur. A peine
quelques années se sont écoulées, et ces anges sont
devenus des démons ; ce ne sont plus ni des filles ni
des femmes, elles n'appartiennent plus à l'espèce humaine... — Fritz, continuez, vous ne sauriez croire
combien je prends d'intérêt aux descriptions que vous
me faites de la vie des étudiants irréguliers et de
leurs parasites... Mais où avez-vous appris tout
cela ? Vous fréquentez donc le bal Mabille ?

Fritz raconta comme quoi étant entré en qualité
de groom chez le conseiller ***, il avait grandi avec
le fils de ce magistrat ; comme quoi ce jeune homme
lui avait toujours témoigné une de ces vives amitiés
qui mettent à un égal niveau toutes les conditions ;
comme quoi lui, Fritz, en échange de ce sentiment,
avait été dévoué à outrance à son jeune maître. —
M. Édouard, ajouta-t-il, n'eût pas plutôt pris ses
premières inscriptions, qu'il s'émancipa assez large-
ment et mena le même train de vie que tous ceux
d'entre ses camarades qui faisaient leur droit en
suivant une ligne courbe : il voulut faire ses cascades
en zigzag : en conséquence il eut sa grisette, puis
les grisettes de tous les autres qui avaient eu la
sienne. Il apprit des grands maîtres le chausson et
la savatte, escrimes des chevaleresques adolescents
de la génération dont j'ai l'honneur de faire partie ;
il devint de première force sur le cornet, le plus
noble de tous les instruments après la grosse caisse
et le tambour ; il aborda le vin de Champagne dont
il fit sa boisson la plus ordinaire, et fut l'un des
membres les plus assidus de la société des tapages
diurnes ou nocturnes qui s'est formée en opposition
à toutes les sociétés de tempérance de l'univers.
M. Édouard fut un badouillard.

— Badouillard ! interrompit la comtesse, qu'en-
tendez-vous par badouillard ?

— Madame la comtesse saura que le badouillard
est un jeune homme pour l'éducation duquel sa
famille a dépensé beaucoup d'argent et qui s'applique à devenir le plus grossier des êtres. Tous ses
efforts tendent à faire oublier qu'il ait jamais eu le
sentiment moral. Le badouillard est le barbare de
notre civilation ; il se délecte dans la fange où il se
vautre sans cesse, et ne se plaît qu'au sein de l'orgie
la plus immonde. Il met son bonheur à dégrader en
lui la nature humaine et à l'outrager en autrui.

» Le badouillard est au-dessus des lois quand il se
croit soutenu par le nombre ; il bat la garde et les
sergents de ville, et dans les grandes expéditions de
ce genre, il n'est pas rare qu'il soit cruel et très-
souvent féroce : il insulte les femmes honnêtes
lorsqu'il les rencontre seules ou au bras d'un paisible bourgeois qu'il suppose incapable de lui ré-

pondre. S'il marche derrière des jeunes filles, si jeunes soient-elles, il les poursuit en hurlant les chants les plus obscènes, en proférant de grossières et sales paroles que s'interdiraient, même dans leur ivresse, les plus infâmes bandits.

» Le badouillard est l'implacable ennemi de toute euphonie ; il gâte sa voix avec plaisir, et s'applique à se fausser l'oreille ; il ne chante pas, il braille ; il ne parle pas, il vocifère. Malheur à qui rencontre des bandes de badouillards revenant par la rue Saint-Jacques ou celle de la Harpe, de quelques mauvais taudis : c'est le chemin que suivent ces messieurs ; il sera assourdi et scandalisé ! Et s'ils ont en leur compagnie quelques-unes de leurs compagnes, il entendra les exclamations, les interpellations, les apostrophes les plus révoltantes et les plus hideuses. Le père qui conduit sa fille, le mari sa femme, l'amant sa maîtresse, ne sauront où se refugier pour leur épargner une atteinte à la pudeur. — Tous ces fils de famille expédiés de la province pour se livrer à des travaux qui les mettent à même d'être un jour des hommes utiles, exécutent des saturnales dont leurs pères ou leurs aînés n'auraient jamais eu l'idée. Ils ont fait du faubourg Saint-Germain un pandémonium dont une âme tant soit peu pudique aspire à s'éloigner.

» Les cacophonies les plus discordantes, voilà les concerts dont ils font retentir les rues ; leurs cris sont effrayants et plus d'une fois leur apparition a été une alerte pour les paisibles habitants. Évitez de laisser égarer votre vue sur les fenêtres ouvertes ou sans rideaux de leur chambre garnie ou non garnie, car là s'étale, sans vergogne, tout ce qui se cache même dans les régions de la capitale où les courtisanes ont établi leur résidence.

» Carabins ou badouillards vont se baigner dans la Seine avec le caleçon de rigueur, parce que les rives du fleuve sont garnies de gendarmes ; une fois dans leur domicile, ils changent de chemise à la barbe des Athéniens, et ce je ne sais quoi qu'ils nomment leur femme, ne se gène pas davantage.

» Si dans un carrefour vous entendez pendant les ténèbres des voix qui s'accordent, des chants qui puissent se répéter sans offenser personne, pariez à coup sûr que les chanteurs ne sont pas des étudiants, mais des ouvriers, des orphéonistes peut-être. Si vous vous approchez, vous ne tarderez pas à vous en convaincre ; là point de ces ignobles casquettes éreintées, tombant de la tête dans un affaissement et avec un désarroi étudié, pas de valgivague éhontée, pas d'épagneul que l'on rosse ; tout le monde a une tenue décente, de la propreté, et point d'inflexions canailles : l'ouvrier s'est élevé, et l'étudiant se ravale.

— Oh ! Fritz, si les peintures que vous venez de me faire ne sont pas exagérées, il faut convenir que vous avez raison. — Madame la comtesse peut être certaine qu'elles sont encore beaucoup au-dessous de la vérité... Mais je reviens à M. Édouard. Un badouillard est parfois contrarié dans ses déportements ; il peut se faire qu'il trouve son maître et qu'on veuille lui imposer une réserve à laquelle il ne se soucie pas de s'astreindre. Un concierge dont la

respectable épouse a été insultée peut se fâcher très-sérieusement ; un garde national goguenardé peut avoir du cœur ; un ouvrier révolté de la licence peut s'ériger en moraliste avec des poings menaçants, un garde de Paris peut se sentir scandalisé de postures et gestes extra-légaux. Mais le badouillard n'a d'ordre à recevoir de personne, rien ne lui est sacré ; à la moindre observation il regimbe, il tutoie même le vieillard de l'un ou de l'autre sexe ; de là des altercations, des rixes, des querelles, des *batteries*, suivant l'expression consacrée.

» Le badouillard espère toujours qu'il sera le plus fort ; mais la chance ne lui est pas constamment favorable, et il n'est pas rare qu'il soit rossé. Quand je dis qu'il espère être le plus fort, je m'entends ; jamais il ne conçoit cet espoir que quand ayant appelé ses affidés à son aide, il se trouve en position d'engager la lutte de dix contre un. Posté à la fenêtre de son garni, il apostrophe grossièrement les passants, hommes, filles ou femmes ; souvent il s'amuse à jeter l'eau de ses ablutions ou le papier enflammé avec lequel il vient d'allumer sa pipe ; son crachoir habituel est le vêtement du public. Il est sans respct ni pitié : l'infirme, le mendiant, le marchand qui s'épuise à crier sa marchandise pour gagner sa subsistance et celle de ses enfants, ne sont pas à l'abri de ses attaques et de ses sottes injures. Les étudiants bambocheurs font assaut de grossières invectives avec le chiffonnier, et il est bien rare que la victoire qu'ils remportent dans ce genre de concours ne prouve pas qu'ils seraient très-dignes de porter le mannequin, le fallot et le petit crochet. Des gentillesses de ce genre avaient attiré au fils de mon maître une de ces corrections admirablement appliquées qui, à force de contusions, font un noir du blanc le plus blanc ; quand toutes ces marques furent effacées, un matin, il me pria de monter dans sa chambre.

— Fritz, me dit-il, je t'aime beaucoup. — Monsieur, lui dis-je, vous n'avez pas affaire à un ingrat.

—Je le pense, reprit-il ; aussi veux-je faire quelque chose pour toi : tu es un gaillard assez déluré, tu as plutôt l'air d'un monsieur que d'un domestique ; ton langage est suffisament correct, au besoin tu pourrais soutenir une conversation sans faire trop de cuirs. Eh bien ! mon gentleman, si cela te convient, tu seras dorénavant le compagnon de mes plaisirs !... Tu es brave, tu es robuste, tu es adroit et façonné à tous les exercices du corps, je t'emmène avec moi.

— Mais monsieur Édouard, lui fis-je observer, mon service... Croyez-vous que M. votre père s'accommodera d'un arrangement pareil ?...

— Non, me fit-il, mais j'ai tout prévu... Dès aujourd'hui, tu fais savoir à mon père que tu n'es plus dans l'intention de monter derrière son équipage, et que tu renonces à la domesticité pour laquelle tu n'es pas né ? — Et puis, lui demandai-je, que deviendra Fritz ?

— Ce qu'il deviendra ? ne t'en inquiète pas : tu sais lire et écriro ; il ne s'en faut pas de la moitié de l'alphabet que tu saches l'ortographe ; tu ne la saurais pas du tout que cela ne ferait pas un pli. Je te fais recevoir bachelier ès lettres ; si tu n'es pas en état de subir ton examen, je te fais entreprendre à forfait par un de ces cuistres qui ont inventé des manuels et des procédés mécaniques au moyen desquels un bachelier se fabrique comme une casserole de Saint-Flour. C'est moi qui fais les frais de ta nouvelle position ; je te nourris, je t'habille, je t'entretiens, et dans toutes les grandes occasions tu es mon mamelouk comme Roustan était celui de Napoléon.

» J'acceptai la proposition de M. Édouard et je vécus en étudiant pendant dix-huit mois, allant partout où il plaisait à M. Édouard de me conduire. Enfin, dégoûté d'un métier qui m'exposait tous les jours à mille avanies et ruinait ma santé, je pris le parti de revenir à mon premier état. M. Édouard ne s'opposa donc pas à ce que je rentrasse dans la condition d'où line m'avait tiré que pour ajouter à la sécurité de ses amusements. Sa bourse était peu garnie, attendu que depuis quelque temps son père avait ouvert les yeux sur sa conduite. En me congédiant, il ne put me donner que trois ou quatre pièces de cinq francs. Pour ne pas arriver trop tôt à la fin de ces ressources excessivement limitées, je me hâtai de recourir au bureau de placement le plus en renom ; il y avait à choisir entre au moins une douzaine d'emplois tous raisonnablement lucratifs ; peu ambitieux de mon naturel, je me proposai pour chasseur. Par provision, on me soutira cinq francs pour m'inscrire, et en effet on m'inscrivit en m'apprenant que j'arrivais vingt-cinq minutes trop tard : le chasseur demandé avait été agréé aussitôt qu'il s'était présenté. On me promit qu'à la prochaine occasion, qui probablement ne se ferait pas attendre, j'étais de taille à ne pas être moins heureux que lui. Cette occassion si prochaine, je l'attendis vainement pendant plus de trois semaines. Comme elle ne venait pas, j'essayai d'aller la chercher. Je me rendis en conséquence au bureau, et je déclarai que mes finances baissant plus rapidement que la Seine dans la saison des grandes chaleurs, il m'était impossible de prendre patience.

— Allons, me dit le chef de l'administration à l'usage des embarrassés de leur peau, il ne faut pas comme cela jeter le manche après la coignée ; votre tour viendra, ce n'est jamais qu'un temps à passer.

» Un mois après, j'étais toujours en disponibilité et quasi-famélique. Mais combien d'autres postulans ou postulantes avaient été bernés tout autant que moi.

» Le bureau de placement est presque toujours un abominable piége tendu à la pauvreté qui demande son salut au travail; il est le pourvoyeur de la prostitution et de la misère.

La comtesse prêtait la plus grande attention à tout ce que narrait Fritz.

— Mon garçon, lui dit-elle, vous me dévoilez bien des turpitudes; mais en vous écoutant j'éprouve du moins la satisfaction de vous entendre leur imprimer une juste flétrissure. Poursuivez.

— Je cessai mes visites à la fausse Providence de tous ceux qui voudraient bien trouver un maître, et j'en trouvai un au moment où je m'y attendais le moins. Un jour, j'étais en face d'une canette de bière de Strasbourg, dans la position mélancolique, méditative et lugubre de l'étudiant sans le sou, ma pipe ne tirait pas, et j'avais à l'allumer un mal d'enfer, lorsqu'il me vint une idée : mon ancien maître, M. Édouard, qui m'avait donné rendez-vous dans un estaminet où en l'attendant je m'abreuvais forcément à l'œil, était l'intime d'une foule d'artistes. — Parbleu ! disais-je à part moi, de tant de peintres qu'il connaît, il doit au moins y en avoir un qui ait besoin d'un modèle dans mon style; il faut que je m'en informe auprès de lui. Il vint, et à peine eus-je touché cette corde-là, qu'ayant interrogé sa mémoire, il me cita M. Antonin à qui je pourrais être très-utile pour s'avancer sur les traces des Raphaël, des Michel-Ange et des Léonard de Vinci. Il fut convenu qu'il me recommanderait à ce grand artiste, et que j'irais dès le lendemain me présenter à son atelier.

»M. Antonin, en se posant à côté de moi, me proclama superbe; il m'offrit de suite quatre francs par séance, et m'annonça que je poserais dès qu'il se serait procuré une grande toile : pour l'avoir il ne lui manquait que de l'argent.

»C'est singulier comme ce gueux d'argent est l'ennemi du peintre ! Plus un peintre a de génie, plus l'argent s'éloigne de lui, tant il a peur qu'il fasse des chefs-d'œuvre.

— Quand aurez-vous de l'argent ? demandai-je à M. Antonin, qui m'avait déclaré sa pénurie avec toute la désinvolture d'une franchise des plus artistiques. — Demain, et nous pourrons commencer après demain à prendre séance. — Vous croyez ? — J'en suis sûr, car en me mettant à l'œuvre dans deux jours, et ne perdant pas de temps, c'est tout au plus si je serai en mesure pour l'ouverture du salon.

» Je me rendis le surlendemain à l'atelier de M. Antonin.

— Mon ami, me dit-il, pas encore de toile, mon banquier m'a manqué de parole; mais je ne veux pas vous avoir dérangé en pure perte; je vous paie la séance. Voilà cinq francs, vous me devrez vingt sous, et à demain; je compte sur vous.

» Il avait raison de compter sur moi; le lendemain je vins encore me mettre à sa disposition; pas plus de toile que la veille; le banquier continuait d'être en retard; mais M. Antonin m'invita à casser avec lui une croûte, sans préjudice de ses productions, qu'il ne regardait pas comme telles.

— Il y a pourtant quelque chose là dedans, soupira-t-il, en retournant une de ses poches, mais là dedans il n'y a qu'un vide affreux. Chien de banquier, d'usurier, de juif, de turc, d'arabe, de Genevois qui est mille fois pire; tu ne veux donc pas dès cinquante pour cent que je t'offre; tu n'as donc pas foi dans mon avenir, insolent; tu ne veux donc pas que je produise une œuvre immortelle?

— Dire qu'avec des trésors dans les mains et dans la tête on soit plus démonétisé que l'imbécile qui aurait acheté toutes les actions de la Société immobilière Millaud ! Enfin l'art a sa fatalité, mais gare la grande toile ! alors, nous serons sauvés. Je vous attends demain, mon ami.

» Le lendemain se passa sans grande toile : comme les jours précédents, le banquier était tout à fait invisible à l'œil nu et même armé d'une lunette; il n'y eut pas de déjeuner commun, et le remboursement de mes trois francs cinquante fut indéfiniment ajourné. Décidément, si je voulais ne pas être réduit à m'asphyxier pour ne pas mourir de faim, je devais me pourvoir ailleurs.

» Je devins paillasse chez mademoiselle Rose la Lyonnaise, la plus célèbre entrepreneuse de phénomènes susceptibles d'être montrés, et de toutes espèces de curiosités. Mademoiselle Rose n'est pas une mince célébrité, c'est une vierge de poids. À l'âge de quatorze ans, elle s'intitulait la Fille forte. A la pointe de ses cheveux, elle enlevait deux barils d'huile de chacun cent kilogrammes, portait sept hommes sur le corps depuis la ceinture jusqu' aux pectoraux, et se faisait poser sur le ventre le cataplasme d'une enclume de cinq quintaux, qui ne l'empêchait nullement de respirer pendant que deux cyclopes à coups redoublés de masse y battaient le fer.

»Mademoiselle Rose était une brune piquante singulièrement éveillée ; elle plut dans toutes les villes où elle passa, et fit fortune. Elle aurait pu abandonner sa profession et vivre tranquille dans quelque coin de la province, mais elle a la passion des voyages et des monstres.

» Où n'a-t-elle pas été, que n'a-t-elle pas vu, que n'a-t-elle pas montré, mamzelle Rose ?

— Vous feriez un magnifique sauvage, me dit-elle un matin, que son Sandwichien venait d'obtenir un emploi de commis à pied dans l'octroi ; je vous donne cent écus si vous voulez vous faire tatouer.

» Pour m'y déterminer, elle essaya de me démontrer qu'aussitôt que je le voudrais je cesserais d'être une mosaïque vivante ; mais j'avais vu son roi des îles de la Sonde devenu porte-faix sur le port de Marseille, et les bigarrures dont il était couvert attestaient que tout européen qu'il fût, son tatouage était de bon teint. Tout bien calculé, je ne me souciai ni de me faire piquer comme un tamis, ni de me mettre au régime des cailloux et des poulets vivants dévorés tout crus, et je me résignai à de plus modestes fonctions. J'avalais des étoupes et je rendais ou des rubans ou des flammes, et quand la parade était bien en train, lorsque par l'effet du feu qui s'échappait de ma bouche, comme la lave du Vésuve dans l'éruption de 1868, mon visage était inondé de sueur, la rondelette mamzelle Rose, en falbalas et en panaches, accourait et m'appliquait sur la face un coup d'éventail.

— Paillasse, tu vas annoncer à ces messieurs et à ces dames les phénomènes rares et curieux qui viennent d'arriver dans cette ville.

Alors, après plusieurs quolibets qui m'attiraient les horions lancés avec dextérité, je commençais :

»C'est inouï, c'est merveilleux, il faut le voir pour le croire, depuis que le monde est monde, on n'a jamais rien vu de si surprenant ; ce n'est point un faux animal fait de pièces et de morceaux comme on en a rencontré plusieurs à la dernière foire de Beaucaire ; ce n'est pas empaillé, ce n'est pas embaumé ; ce n'est pas dans un bocal rempli d'esprit de vin, ce n'est pas en cire ni en plâtre, ni en quelque matière que ce soit, c'est en chair et en os, c'est en peau et en cheveux, comme vous et moi ; c'est

vivant, ça a des dents, ça parle, ça mange, ça boit, ça respire, etc., etc. Messieurs et dames, c'est avec la permission de M. le maire et de toutes les autorités de la ville, que nous offrons à votre étonnement un personnage transparent, qui a les mains où les autres ont les pieds ; il a eu l'honneur de paraître devant Leurs Majestés l'empereur de Russie et le roi de Prusse, et il a fait les délices de la Faculté de médecine de Paris et de Montpellier, dont on est à même d'exhiber les certificats et les attestations signées des célèbres Belpeau et Pélaton. Après cette exhibition vous aurez celle du bœuf colossal, engraissé par Abdel-Kader, dans les plaines de l'Atlas, pays de montagnes inaccessibles aux Européens. Ce monstrueux ruminant a paru devant Sa Majesté l'emped'Autriche, qui désirant en propager la race, a fait les offres les plus brillantes à mademoiselle Rose, propriétaire de cet établissement. Il a été vu par l'Académie des sciences de Paris, par MM. les professeurs du Muséum d'histoire naturelle et par le syndicat de la boucherie parisienne, qui avait demandé à le louer pour les cérémonies du carnaval. Mais mademoiselle Rose, constamment dévouée à toute la terre, ne s'est laissé tenter ni par or, ni par argent : son bœuf pyramidal appartient à l'univers. »

« Et nous faisions un argent fou.

» Cependant une querelle avec mademoiselle Rose m'obligea à lui demander mon compte ; il fut promptement réglé ; il me revenait cinq francs soixante-quinze centimes avec lesquels cette fois j'achetai mon indépendance. Je me fis physicien en plein

vent, et à ce titre, pour ne pas être dans la dure nécessité de faire la manche, ce qui équivaut à mendier, je joignis le débit de la poudre dentifrice et de la créosote, qui enlève la douleur comme avec la main. J'achetai la gibecière, les gobelets, le bâton de Jacob et le cochon-dinde d'un prestidigitateur qui venait d'être frappé de paralysie.

» Dans cette nouvelle position, il ne fallait pas être moins imposant par l'étalage de la richesse que par la dignité du costume; j'étais ce qu'on appelait autrefois marchand d'orviétan. Mon baume était la pillule d'aloès renforcée de gomme gutte et recouverte d'une feuille d'argent, afin de capter la vue par le clinquant. Je purgeais à mort, et j'opérais des cures si miraculeuses que partout où je passais il y avait nécessité d'agrandir le champ du repos. Plus je tuais de malades, plus s'étendait la renommée de mes guérisons, si bien que le zouave guérisseur finit par me regarder de travers; il me fit dénoncer par ses partisans, et je fus condamné, comme exerçant la médecine sans diplôme et vendant des drogues sans y être autorisé, à quelques mois de prison et a une amende considérable qui me mit sur la paille.

— Pauvre Fritz ! s'écria la comtesse.

— Oh! oui, bien pauvre! à ma sortie je repris les gobelets et la gibecière et ce fut sur la place publique que M. le comte découvrit qu'étant autrement accoutré qu'il ne me voyait dans mes fonctions de prestidigitateur, je ferais un chasseur d'assez bonne qualité.

— Ainsi, observa la comtesse, quoique jeune encore, vous avez eu déjà pas mal d'aventures; si vous voulez, Fritz, nous en tenterons une nouvelle cette nuit. M. le comte est parti pour Bruxelles, il ne reviendra pas à Paris avant huit jours; nous irons voir un de ces bals dont j'ai lu la description dans mon feuilleton...

— Madame se travestira sans doute?

— Mon intention est de prendre mes précautions pour n'être pas reconnue... J'ai fait acheter deux masques; je sortirai la première et nous nous retrouverons chez le costumier, M. Babineau. »

La comtesse s'habilla en grisette, Fritz en Espagnol; il avait, ma foi, l'air et la prestance d'un hidalgo du temps de Charles-Quint. Chemin faisant, il fit observer à la comtesse qu'allant dans une réunion dont se prive très-habituellement la haute société, il était infiniment probable que lors même qu'elle n'y paraîtrait pas masquée, on ne la reconnaîtrait pas. Elle se laissa persuader ; d'ailleurs elle avait un de ces visages qui embrasent tous les cœurs, et il lui eût été douloureux de se refuser le triomphe d'un pareil incendie... que dis-je d'un?... de deux, de trois, de douze, de cent ! Quelle satisfaction de rendre tous les danseurs fous d'elle, de sa jolie bouche toujours vermeille, de ses beaux yeux toujours expressifs, de sa tournure perfectionnée par les contacts aristocratiques. Et puis à supposer que quelques amis de Mongineau vinssent à se rappeler ses traits, quel grave inconvénient y aurait-il ? Il avait été convenu avec Fritz qu'une fois dans le bal, afin d'avoir tout l'amusement qui résulte de la liberté la plus ample et la plus absolue, chacun irait de son côté.

— Oh! le drôle de sauvage ! s'écria, dès son entrée au Prado, la comtesse redevenue Babet.

Le personnage dont le bizarre déguisement lui arrachait cette exclamation, était César Létourneau, étudiant en droit, qui, lorsqu'elle habitait le pays latin, avait eu pour elle beaucoup de complaisances.

— T'amuses-tu? lui demanda-t-elle.

— Comme un oiseau de la Fable répondit Létourneau... Je chauffe une adorable créature qui m'a intrigué au delà de toute expression... Il faut que je sache qui elle est. Crois-tu qu'elle m'a parlé de ma liaison avec toi !... Ah! mais qu'es-tu donc devenue depuis plus de deux ans que je ne t'ai pas rencontrée ?... et ton Mongineau, est-ce qu'il s'est éclipsé aussi ?... Suis-je bête! je ne me souvenais pas que tu l'avais quitté... Il sera retourné dans sa province.

Babet avait été attirée au bal Mabille précisément par l'espoir d'avoir des nouvelles de Mongineau, et peut-être même par le désir de le revoir sans en être aperçue. César Létourneau, qui ignorait où il était passé, ne devait pas fixer longtemps son attention. Il ne pouvait lui parler de son bienfaiteur, car c'était à ce titre qu'Il gardait une douce souvenance de M. Mongineau; c'était lui qui l'avait tirée du néant, c'était lui qui lui avait fait faire sa première communion, c'était lui qui avait payé son apprentissage, c'était lui qui l'avait amenée à Paris, enfin c'était à lui qu'elle était redevable de sa position de comtesse.

Quand elle songeait à tout cela, elle avait presque le cœur gros du chagrin qu'il avait dû éprouver par l'effet d'une séparation à laquelle il ne s'était pas attendu. Mais une fillette de dix-huit ans ne peut non

plus se sacrifier à un grison. Les âges qui se rapprochent le plus sont faits les uns pour les autres, ceux qui s'éloignent le plus ne sont jamais mis en contact, sans qu'ils tendent à s'écarter : quand l'un va vers la tombe, l'autre tend les bras à l'amour. C'était ce dernier parti qu'avait pris Babet, et dans le comte elle avait trouvé presque de quoi aimer, mais non sans faire quelque faible effort, dont elle était suffisamment indemnisée par son oppulence, et par certaines compensations auxquelles elle comptait ne pas renoncer dès que s'offrirait l'occasion de les saisir.

Cette chère comtesse, se souciant peu de marcher sur les brisées de l'adorable créature que chauffait Létourneau, ne fit rien pour le retenir.

Mais en ce moment voilà qu'un grand bruit retentit dans la salle. Des clameurs sous prétexte du galop irrégulier, on passe au bousculades ; on se donne des poussées à faire frémir tous les oignons, cors, durillons, œils de perdrix, et autres légumes. On hurle, on braille.

Le mouvement augmente avec le tumulte, tout cela marche comme une bourrasque, tout cela grouille, gesticule, se pousse, se choque, s'entrechoque, se coudoie, se rudoie, s'entraîne, s'excite, clapit, mugit, rugit, beugle, se bouscule, à faire avorter une girafe. C'est un bruit, un tintamare de voix, de crécelles, de cornets à piston, de cornets à bouquin, à défoncer les tympans d'une huître au fond de l'Océan, une poussière à faire éternuer les morts endormis sur les buttes Montmartre. La vitesse augmente en même temps que la force d'impulsion. La trombe irrésistible, c'est la débâcle des carabins ; elle enveloppe, elle emporte tout sur son passage. Babet est enlevée malgré les coups de poings et les coups de coude de César Létourneau ; elle et lui sont lancés dans le torrent à dix pas l'un de l'autre, et ils se font de loin de touchans adieux.

Enfin, cette joyeuse tempête, pendant laquelle tant de mains se sont égarées sous des formes attrayantes se calme peu à peu ; il y avait bien quelques filous dans le courant, cependant personne n'a perdu ce qu'on lui a pris...

Cependant la comtesse continuait le cours de ses explorations, toujours dans le but de savoir ce qu'était devenu Mongineau. Au moment de la cohue mouvante qui avait ébranlé la salle depuis le comble jusqu'au fondement, elle avait très-positivement reconnu dans un marinier, faiseur d'esbrouffes, un des plus turbulents amis de celui dont le sort la préoccupait ; elle essaya de l'interroger, mais elle ne réussit pas à tirer de lui deux paroles qui eussent un sens, tant il y avait d'alcool en fermentation dans son estomac ; Elle jouait de guignon, et l'on en conviendra. Qui donc lui parlera de Mongineau ? C'est Narcisse Baudrillet ; elle l'a aperçu coiffé en Montauciel et se jetant au devant de la débâcle des écoles, afin de l'arrêter dans sa course impétueuse. Mais où est-il Narcisse Baudrillet ? C'est un jeune homme à bonnes fortunes, la coqueluche de tout le sexe du faubourg Saint-Germain ; il est cent fois probable qu'il vient d'être enlevé, car on se l'arrache sans espoir de le conserver. Narcisse Baudrillet est si convoité, si volage, si distingué dans ses manières, si brave, d'une figure si avenante, d'une taille si riche, qu'il faudrait être de glace pour ne pas éprouver à son aspect quelque émotion désordonnée. La comtesse serait aux anges si elle pouvait renouveler connaissance avec cet adorable futur jurisconsulte... Honni soit qui mal y pense !... son œil erre dans toute la salle afin de le retrouver.

Enfin Narcisse Baudrillet paraît ; elle le voit, ils se revoient avec expression, avec effusion même, et elle ne le questionna que le plus tard possible, imitant en cela ces personnes d'une extrême prudence, qui, recevant une lettre au milieu des sensations de plaisir, n'en brisent le cachet que le lendemain, de crainte d'interrompre leur jouissance par un coup de foudre, une nouvelle asphyxiante.

Dès que le nom de Mongineau eut été prononcé, Narcisse Beaudrillet s'écria : — Oh ! le malheureux ! a-t-il fait une triste fin !

— Il est mort ! s'écria à son tour la comtesse.

— Oui, bien mort, très-mort, aussi mort qu'on puisse l'être, on ne peut pas plus mort. Figure-toi, ma chère, qu'après ta fugue inopinée, cet infortuné Mongineau fut le plus désespéré des mortels ; il voulait se noyer, se poignarder, s'empoisonner, se pendre, se précipiter du haut de la Colonne, des deux Colonnes, s'élancer des tours de Notre-Dame, glisser sous la roue d'un omnibus ou d'un wagon ; il était morose et abattu comme un vieux champignon sous le coup de la première gelée ; il demandait à tous les élèves en pharmacie de lui procurer de l'acide prussique, de l'acétate de morphine, de la strychnine, de l'arsénic même, malgré les affreuses coliques que cause ce minéral corrosif ; enfin il était résolu à sortir de la vie d'une façon quelconque. Nous le raisonnâmes pour l'arracher à ce funeste dessein, et nous parvinmes à lui faire comprendre que de tous les moyens d'opérer la dissolution de son individu qui pouvaient lui passer par la cervelle, il n'y en avait aucun qui dût être préféré à la continuation de la vie qu'il avait embrassée depuis qu'il avait quitté sa province ; que mener à cinquante ans passés la vie d'étudiant qui n'a pas jugé convenable de profiter des vacances pour aller se refaire en respirant l'air natal, est un procédé infaillible, lorsqu'on se propose d'en finir promptement avec l'existence.

Nous lui mimes sous les yeux les délices d'une ivresse quotidienne, d'une volupté sans cesse renaissante et variée.

Nous fîmes tant que nous l'arrachâmes à ses sombres pensées, et qu'il prit le parti de devenir un épicurien effréné. Pendant le trimestre qui sépare la fin du commencement de l'année scolaire, il fut entouré de toutes nos Arianes abandonnees sur les rives de la Seine, par prédilection pour les plaisirs de l'automne, cette riante saison qui nous donne le raisin mûr à cueillir et le lièvre timide à chasser.

Elles firent avec le sultan Mongineau une effroyable consommation de champagne et de toute espèce de comestibles, car il mettait son bonheur à les traiter comme le roi du pays de Cocagne doit traiter ses amis lorsqu'il les invite à se mettre avec lui en goguette.

Pour subvenir à toute cette dévorante mastication, à cette absorption constamment altérée, cet amphytrion dut faire de bien larges brèches à son patrimoine et à sa santé.

Parmi les odalisques qu'il conviait, c'était à qui le captiverait, à qui l'exciterait à lui jeter le mouchoir. Tant et tant il le jeta que ses écus y passèrent, car le plus ordinairement le mouchoir était accompagné d'une foule de ces bagatelles coûteuses auxquelles les sultanes favorites attachent le plus grand prix ; tant et tant il le jeta qu'il ne fut bientôt que le plus fragile des châteaux branlants.

Alors il dut cesser ses largesses, et n'eut plus même les illusions de la plus petite des velléités. Mongineau s'affaissait ; il déclinait visiblement en proie à un marasme des plus désorganisateurs, et sa bourse était trop épuisée pour pouvoir lui fournir les éléments d'une succulente réparation. Quand on le vit dans cette détresse, je te demande si on le délaissa.

Afin de remonter sa constitution, dépouillée chaque jour de plus en plus de ses atomes énergiques, il employa ses derniers centimes à s'abreuver des spiritueux les plus volcaniques ; il fit couler la lave de l'alcool sur les débris intestinaux de son être, dans l'espoir de le réchauffer, mais il ne réussit qu'à s'abrutir : quelle huile ferait briller une lampe lorsqu'il n'y a plus de mèche ?

Mongineau venait de recevoir son dernier billet de cinq cents francs provenant d'un arrérage de sesfermes ; c'était le produit d'une vieille créance sur laquelle il ne comptait plus. Possesseur de cette somme, il paya scrupuleusement ce qu'il devait dans son garni, acheta deux bouteilles de rhum, les but presque en deux traits, se coucha sur cette libation et s'endormit. Le lendemain il ne s'éveilla ni tôt ni tard. Il était mort.

On trouva sur sa table de nuit un billet ainsi conçu :

« Au bout du fossé la culbute, et après la culbute le fossé : prévoyant qu'aujourd'hui n'aurait pas de lendemain, je trace ici ma dernière volonté : les deux cents francs qu'on trouvera dans mon secrétaire sont destinés à ma pompe funèbre. »

On lui fit donc un convoi de classe moyenne, mais ce fut un convoi des plus solitaires, car il n'y avait pas un chat, pas même le caniche du pauvre pour accompagner à sa dernière demeure ce triste débris.

La comtesse écouta ce récit avec cet air sombrement rêveur qui indique un tourment de l'âme ; elle avait en effet quelques reproches à se faire. Mais n'était-ce pas Mongineau qui l'avait poussée dans une voie de perdition où il est si rare de n'avoir que des sentiments honnêtes ?...

Le jour approchait ; le Jardin Mabille commençait à devenir désert ; Fritz et la comtesse se rejoignirent... ils ne rentrèrent que fort tard dans l'hôtel. A quoi employèrent-ils leur journée ? Nul que la comtesse et Fritz ne pourraient nous l'apprendre.

Le surlendemain, madame la diplomate se plaignait d'une horrible migraine ; elle avait passé une nuit affreuse, des songes du noir le plus épouvantable étaient venus l'assaillir. D'abord ils n'avaient été que grotesques : lorsqu'une étrange odeur de soufre l'avertit qu'il y avait quelque part une exha-

aison souterraine; au même instant, surgit une espèce de nain dont l'énorme tête couverte d'un turban

pointu, et la longue barbe contrastaient bizarrement

avec l'exiguité de son corps. Ce monstre portait à sa
ceinture un poignard recourbé, et s'appuyant sur un
sceptre couronné de têtes de serpens, foulait à ses
pieds une tête et des ossements de mort.

La comtesse même en rêve se disait, c'est le
cauchemar; mais d'une voix sépulcrale, cet être dont
l'aspect la remplissait de terreur, lui cria :

— Belle dame, je suis le roi des gnomes, je me
suis élancé des profondeurs de la terre où j'ai rencontré une de tes victimes; il m'a dit : « Venge-
moi ! » et je suis accouru près de toi pour t'apprendre que Mongineau te maudit !...

La comtesse fut longtemps sans pouvoir éviter
cette apparition : ce fut son supplice de toutes les
nuits.

Les tortures du sommeil sont un enfer anticipé
pour toute âme qui n'a pas eu le courage des résis-
tances et des privations au prix desquelles elle peut
garder, sa pureté et sa sérénité.

FIN

POISSY. — TYPOGRAPHIE ARBIEU, LEJAY ET COMP.